时代印记

王志艳◎编著

寻找

秦始皇

延边大学出版社

图书在版编目（CIP）数据

寻找秦始皇/王志艳编著 . —延吉：延边大学出版社，2013.8(2020.7 重印)

ISBN 978-7-5634-5925-4

Ⅰ.①寻… Ⅱ.①王… Ⅲ.①秦始皇（前 259～前 210）—传记—青年读物②秦始皇（前 259～前 210）—传记—少年读物 Ⅳ.① K827=33

中国版本图书馆 CIP 数据核字 (2013) 第 210678 号

寻找秦始皇

编著：王志艳

责任编辑：孙淑芹

封面设计：映像视觉

出版发行 延边大学出版社

社址：吉林省延吉市公园路 977 号 邮编：133002

电话：0433-2732435 传真：0433-2732434

网址：http://www.ydcbs.com

印刷：唐山新苑印务有限公司

开本：690×960 1/16

印张：11 印张

字数：100 千字

版次：2013 年 8 月第 1 版

印次：2020 年 7 月第 3 次印刷

书号：ISBN 978-7-5634-5925-4

定价：29.80 元

前言

　　历史发展的每一个时代，都会有对后世产生巨大影响的人物，都会有推动我们前进的力量。这些曾经创造历史、影响时代的英雄，或以其深邃的思想推动了世界文明的进步，或以其叱咤风云的政治生涯影响了历史的进程，或以其在自然科学领域中的巨大成就为人类造福……

　　总之，他们在每个时代都留下了深深的印记，烙上了特定的记号。因为他们，历史的车轮才会不断前进；因为他们，每个时代的内容才会更加精彩。他们，已经成为历史长河的风向标，成为一个时代的闪光点，引领着我们后人走向更加深邃的精神世界和更加精彩的物质世界。

　　今天，当我们站在一个新的纪元回眸过去的时候，我们不能不提起他们的名字，因为是他们改变了我们的世界，改变了人类历史的发展格局。了解他们的生平、经历、思想、智慧，以及他们的人格魅力，也必然会对我们的人生产生深刻的影响。

　　为了能了解并铭记这些为人类历史发展做出过巨大贡献的人物，经过长时间的遴选，我们精选出一些最具影响力、最能代表时代发展与进步的人物，编成这套《时代印记》系列丛书，其宗旨是：期望通过这套青少年乐于、易于接受的传记形式的丛书，对青少年读者的成长产生潜移默化的影响，使他们能够从中吸取到有益的精神元素，立志奋进，为祖国、为人类作出自己的贡献。

前言

　　本套丛书写作角度新颖，它不是简单地堆砌有关名人的材料，而是精选了他们一生当中最富有代表性的事迹与思想贡献，以点带面，折射出他们充满传奇的人生经历和各具特点的鲜明个性，从而帮助我们更加透彻地了解每一位人物的人生经历及当时的历史背景，丰富我们的生活阅历与知识。

　　通过阅读这套丛书，我们可以结识到许多伟大的人物。与这些伟人"交往"，也会进一步提高我们的思想品格与道德修养，并以这些伟人的典范品行来衡量自己的行为，激励自己不断去追求更加理想的目标。

　　此外，书中还穿插了许多与这些著名人物相关的小知识、小故事等。这些内容语言简练，趣味性强，既能活跃版面，又能开阔青少年的阅读视野，同时还可作为青少年读者学习中的课外积累和写作素材。

　　我们相信，阅读本套丛书后，青少年朋友们一定可以更加真切、透彻地了解这些伟大人物在每个时代所留下的深刻印记，并从中汲取丰富的人生经验，立志成才。

导 言

Introduction

　　秦始皇（前259—前210，前246年至前210年在位），嬴姓，赵氏，名政，中国古代著名的政治家、军事家，也是中国历史上第一位皇帝，被誉为"千古一帝"。 他第一次终结了中国历史上长达数百年的战国时代，建立了大秦帝国，为缔造和稳固中华民族的大一统局面作出了卓越的贡献。

　　秦始皇出生于战乱四起的战国时代，而且是在异国他乡（赵国都城邯郸）出生的。因此，他的童年充满了屈辱和不幸。但幸运的是，他12岁便登上秦国国君的宝座。作为一位少年天子，他忍辱负重，在平静中等待时机，先后铲除了乱政的嫪毐集团和专权的吕不韦集团，为独掌大权奠定了基础。

　　亲政后，秦始皇广招天下人才，不断兴兵东进，历经十几年，终于荡平韩、赵、燕、魏、楚、齐等诸侯国，统一天下，使百姓从此免于战乱之苦。之后，他又创造了"皇帝"称号，建立了由皇帝、三公九卿组成的中央政府和以郡县制为基础的地方行政机构。这种基本的政权组织结构与他创造的"皇帝"称号一样，在中华大地上延续了2000多年，为中国历史和中华民族的发展奠定了坚实的政治基础。

　　在大一统的帝国内，秦始皇还统一了度量衡、货币、文字，修建官道，北御匈奴，南平百越，牢固地奠定了中华民族这个多民族国家统一、团结的思想文化基础。从这些方面看，秦始皇确实是当之无愧的"千古一帝"。

　　不过，这位伟大的帝王在造福于百姓和后世的同时，也犯下了滔天罪行。他横征暴敛，以严刑峻法统治天下，驱使人民修长城、筑宫殿、建陵墓，热衷于求仙问道。他们焚书坑儒措施，也在一定程度上破坏了中华文明的发展进程。或许正是因为这样，他一手缔造的大秦帝国仅仅历时15年（前221—前206）便烟消云散了。

本书从秦始皇的儿时生活开始写起，一直追溯到他所建立的千秋大业，再现了这位中国始皇帝具有传奇色彩的一生，旨在让广大青少年朋友了解这位中国封建王朝"首任皇帝"不平凡的人生经历，从而学习他身上所具有的那种坚韧、顽强、勇敢的精神，同时也对他的是非功过进行辨证的认识。

目 录
contents

第一章　质子异人

三十七年，兵无所不加，制作政令，施于后王。盖得圣人之威，河神授图，据狼、狐，蹈参、伐，佐政驱除，距之称始皇。

——（东汉）班固

（一）

战国（前770—前221）时期，"天下共主"周天子暗弱，诸侯相侵，争相作霸主，齐、楚、燕、韩、赵、魏、秦等七国在兼并战中脱颖而出，成为当时最为强大的诸侯国，史称"战国七雄"。

七雄内修政治，外逞刀兵，先后兼并了各自周边的小国，增强了经济和军事实力。到公元前4世纪中期，各国又相继推行变法，以谋求天下霸主之位。在此过程中，秦国国君秦孝公（前381—前338，前361年至前338年在位）因为任用千古奇才商鞅为大良造，推行变法，一举成为七国之中最为强大的诸侯。

从此之后，秦国便开始虎视东方六国，不断挑起战争，企图一统天下。东方六国国君意识到他们已无力单独抵抗强秦，便先后在纵横家公孙衍、苏秦等人的游说下发起"合纵"行动，即六国联合抗秦。秦国为打破六国联盟，则起用魏国人张仪，联合东方各国，攻打周边的小国，实为"连横"。一时之间，各诸侯国为了自身的利益，时而加入"合纵",时而加入"连横",反复无常。

虽然六国确立了联合抗秦的战略方针,但由于各国之间矛盾重重,根本无法做到同心协力,秦国依然一天天强大起来。到秦昭襄王(前325—前251,前306年至前251年在位)时期,秦国的领土已经比东方六国的总面积都要大了。

当时,在东方六国中以濒临大海的齐国最为强大,地处中原的赵、魏两国次之。但这三国之中,秦国一统天下的阻碍并非最为强大的齐国,而是实力次之的赵、魏两国。因为赵、魏两国战略位置极为重要,将东西方两个最强大的诸侯国隔离开了。秦国要想一统天下,必须先灭掉赵、魏。而且,赵、魏与秦国接壤,是秦国的传统敌对国,他们之间爆发了多次大规模的军事冲突。

公元前270年,秦昭襄王再次派重兵围攻赵国的军事重镇阏与(今山西和顺县)。赵惠文王(约前307—前266,前298年至前266年在位)急召名将廉颇商议:

"将军可有把握救下阏与?"

廉颇回答说:

"此去阏与,路途漫长、坎坷,恐怕救不了。"

赵惠文王心中忧虑,又召名将乐乘相问。然而,乐乘的回答与廉颇一样,也认为"道远险狭",阏与已经没救了。

赵惠文王心中的忧虑又深了一层,最后便抱着试试看的态度召见军中新锐赵奢。赵奢朗声回答说:

"此去阏与,道远险狭,两军交战就好像两只老鼠在狭窄的洞穴里相斗一样,必然是勇者胜利。"

赵惠文王大喜,立即任赵奢为将,令其率军去解阏与之围。赵奢领命后,率军出城了。但其大军刚出都城30余里便就地扎营,停止前进了。赵奢严令:

"谁敢在军事方面向我进谏,我立即杀了他。"

当时，秦军在围困阏与的同时，已经派一支部队直插武安（今河北省武安县西南），与阏与成掎角之势，以防赵奢的援军。赵军中有一位忠烈、但却毫无远见之人立即向赵奢进谏，建议他火速去救武安。赵奢勃然大怒，立即将其斩首示众。

就这样，赵奢在邯郸城外一次次加固营垒，以示毫无进取之意。到了第28天，秦军派遣使者前往赵军驻地，以探究竟。赵奢将计就计，不但好酒好菜地招待这位使者，还将他送回秦军营中。当使者把赵军的情况报告给秦军将领时，秦军将领得意洋洋地断言道：

"赵军离开都城仅30里（折合15千米）就止步扎营，阏与已经不是赵国的领地了。"

由此，驻守武安的秦军便放松了警惕。而赵奢则在此时突然集结部队，全力西行，绕过武安来到阏与外围。被抛在武安的秦军听说赵奢已至阏与，才如梦方醒，慌忙调集兵力奔向阏与。但一切都已经晚了，赵奢抢占了阏与城外的有利地形，居高临下，等待秦军前来送死。

结果，当秦军赶到阏与之时，以逸待劳的赵军立即凭借地形优势发起攻击。秦军不敌，四散溃逃，阏与之围也随之解除。

"阏与之战"是秦国统一六国之路上的一次重大挫折。秦昭襄王也由此意识到，秦国暂时还不具备统一天下的基础，于是赶紧罢兵议和，与赵国互派质子。所谓质子，就是国君派往他国作为人质的子孙。阏与之战后，秦昭襄王派往赵国为质子的是他的次子安国君。

（二）

阏与之战后，秦昭襄王采纳了客卿范雎"远交近攻"的战略构想。所谓"远交近攻"，就是对齐、楚等距秦较远的国家先行交好，以使他们不干预秦攻打邻近诸国之事。离秦国最近的两大诸侯国魏、韩两国地处中原，犹如天下之枢纽，应首先攻打，以除心腹之患。如果魏、韩臣服，则北可慑赵，南能伐楚，最后再攻打齐国。这样由近及远，得一城便可巩固一城，逐步向外扩张，必然可以统一天下。

公元前268年，秦昭襄王使用范雎的谋略，派兵讨伐魏国，一举攻下魏国的重镇怀（今河南武陟西南）。然而，正当伐魏之战节节胜利之时，在魏国作人质的秦悼太子去世了。悼太子死因不详，可能与魏国人的折磨有关。当时两国正在交战，魏人严苛地对待秦国太子似乎也在情理之中。

无论如何，"国不可一日无太子"，秦昭襄王立即把次子安国君从赵国召回来，立其为太子。安国君回国当太子了，谁去赵国当质子呢？

此时，有人向秦昭襄王提议说，让安国君的儿子异人以王孙的身份前往赵国当质子。秦昭襄王沉思片刻，觉得"以子代父"也是一个不错的选择，便批准了这一建议。

公元前265年的一天，异人登上笨重的马车，踏上了漫漫旅途。他默默地坐在车中，思绪万千，根本无心欣赏车帘外的美景。异人虽然贵为王孙，父亲又是太子，但他在王室中的地位却十分卑微。他的生母夏姬只是安国君的偏夫人，而且又不得宠爱，他自然也不为父亲所重视。更何况安国君子嗣众多，有20多个儿子，自己又算得了什么呢？

想着想着，异人不免满心凄凉起来。在秦国，他虽然不受重视，但起码还可以过着锦衣玉食的生活。一旦到了赵国，他恐怕连最起码的尊严、甚至生命都保不住。

异人的担忧很快就变成了事实。由于秦、赵两国连年交战，异人又不受安国君重视，赵国人自然不会给他好脸色看。在邯郸城里，异人受尽冷落。恰在此时，赵惠文王驾鹤西归，其子丹继位，称赵孝成王（？—前245，前266年至前245年在位），其母赵太后摄政。

赵国王权的变更让秦昭襄王看到了机会，立即发兵攻打赵国，并接连攻下3座城池。赵国朝野一片惊慌，大臣触龙紧急觐见赵太后，劝说她以幼子为质，向齐国求援。

赵太后被说动了，将自己最疼爱的幼子送到齐国当质子。齐国随后发兵，支援赵军，秦军才被打退。这就是历史上有名的"触龙说赵太后"。

秦、赵两国虽然息兵了，但异人在邯郸的生活却过得越来越艰苦。赵国人恨不能将其千刀万剐，抽其筋，吃其肉，饮其血，就连同在邯郸为质的其他国家的王孙公子见到他也像见到瘟神一样，躲得远远的。

有一天，异人乘车在邯郸城中闲逛，以解忧思。马车慢慢地走着，忽然后面传来一阵急促的马蹄声。异人刚想令车夫避让，后面的马车就从旁边闯了过去，将异人的马车撞到一旁。车夫大骂道：

"简直欺人太甚！王孙好脾气，不然调来秦军砍了你的狗头！"

街上的人听到骂声，知道车上坐的是秦国王孙异人，便开始指指点点，窃窃私语起来。这时，前面那辆马车却停了下来，从上面走下一位商人模样的中年人。此人姓姜，吕氏，名不韦，当时男子称氏不称姓，所以人称吕不韦。

吕不韦是卫国阳翟（今河南省禹州市）人（一说河南濮阳人），自幼聪慧，精于算计。成年后，吕不韦开始经商，往来各地，以低价买进，高价卖出，积累了千金家财，在东方六国中皆置有产业。他听到车夫的骂声，闻知后面马车上坐的是秦国王孙异人，心中一动，便喃喃地说道：

"此人真是奇货可居啊！"

于是，吕不韦便命车夫停车，自己走到异人的车前，躬身赔礼道：

"不知王孙坐在车上，小人吕不韦多有得罪，还请王孙见谅！"

吕不韦此举让异人吃惊不小，因为在赵国还从来没有人对他如此恭敬过。异人拱了拱手，朗声道：

"先生客气了！"

吕不韦道：

"如若王孙不弃，请到寒舍小酌几杯。"

异人想到自己的尴尬处境，忙推辞道：

"近日贱躯多有不适，恐怕要辜负先生的美意了！"

"既然如此，那小人改日再专程前往王孙寓所拜会。"吕不韦一边说，一边让开道路，让异人的马车过去了。

（三）

自从见到异人之后，吕不韦的思绪一连数日都不能平静。当时，秦昭襄王已经60多岁，在位40余年，说不定哪天就会驾鹤西归。秦国太子安国君也已经40多岁，即便顺利登基，恐怕也无法在王位上坐多长时间。因为在先秦时代，人均寿命都很短，五六十岁已经算是高寿了。如此一来，秦国王位很快就会落入安国君之子的手中。

按照惯例，安国君登基后，应立正室华阳夫人之子为太子，但华阳夫人偏偏没有子嗣。也就是说，安国君的20多个庶子都有被立为太子的可能，其中自然也包括偏夫人夏姬所生的异人。吕不韦敏锐地意识到了这一点，于是，他便打算在异人身上做一笔政治投资，为自己和家族的未来赚取巨额利润。

有一天晚上，吕不韦突然对他的父亲说：

"父亲大人，孩儿想向您请教几个问题。"

吕父眯着眼睛，一边拨亮烛光，一边说：

"但问无妨。"

吕不韦略一沉思，便问道：

"耕田种地的利润有多少倍？"

吕父屈指算了算，回答说：

"最多10倍！"

吕不韦又问：

"贩卖珍珠玉器能获利多少？"

吕父默算了半晌，回答说：

"起码百倍以上。"

吕不韦这时压低了声音，又问道：

"如果能够拥立一国之主，那么能获得多少利润呢？"

吕父听到儿子这样问自己，不觉大吃一惊，忙道：

"立主定国的利润是没办法用数字来计算的啊！"

吕不韦笑了笑，缓缓说道：

"大多数人辛苦劳作，也无法得到温饱。如果能够拥立一国之君，成就万世之业，定可福泽后世。请父亲大人允许我去干一番大事业，拥立秦国王孙异人为将来的秦国之主。"

接着，吕不韦便向父亲阐述了拥立异人为秦国国君的可能性和现实性。听完吕不韦的这些话，吕父惊愕地看着儿子，仿佛不认识他一般。过了半晌，他才缓缓说道：

"想不到我儿竟有凌云之志，为父一定会全力支持你。"

得到了父亲的赞同后，吕不韦大喜，立即谋划起来。几天后，吕不韦亲自到异人的寓所，邀请他赴宴。异人盛情难却，只得跟随吕不韦来到吕府。吕不韦将宝马轻裘、锦衣玉食、琼浆玉液悉数搬了出来，极力奉承。久为质子的异人哪里见过这等阵势，不觉飘飘然起来。酒过三巡，吕不韦对异人说道：

"如果我说吕某能光大王孙的门楣，您可相信？"

异人干笑了几声，凄然说道：

"先生不过区区一介商人，为何说这样的大话来戏弄我呢？我看你还是先想办法光大自己的门楣，再来考虑如何光大我的门楣吧！"

吕不韦一本正经地回答说：

"王孙有所不知，我吕家的门楣必待您的门楣光大之后方能光大！"

异人久为质子，见惯了各国公子争夺王位的斗争，自然知道吕不韦话中的深意。他起身向吕不韦深深一躬，低声道：

"请先生教我该怎么做。"

吕不韦连忙拉着异人的双手，将其引到座位上，与他促膝而坐，分析道：

"秦王如今年岁已老，而您的父亲安国君贵为太子，早晚有一天要登基为王的。我私下里听说安国君最宠爱华阳夫人，也只有她的儿子才有可能在您的父亲登基后被立为太子。但是华阳夫人并没有子嗣，唯有从你们兄弟中过继一人为子。"

异人点了点头，表示赞同。吕不韦顿了顿，又说：

"在20多个兄弟当中，王孙并非长子，不得安国君的宠爱，又长期在他国为质子，被立为太子的可能性很小。但即便如此，一旦安国君登基为王，王孙还是有机会和诸兄弟争夺太子之位的。"

异人沉思半晌，急切地说：

"先生所言极是，但我该怎么做呢？"

吕不韦接着说：

"王孙囊中羞涩，长期在赵国为质，没有办法用金钱结交各国宾客、孝敬安国君和华阳夫人。吕某虽然不富裕，但我愿携带千金西行，前往秦国，为王孙侍奉安国君和华阳夫人，请他们立你为嗣。"

异人闻言大喜，起身向吕不韦深深一躬：

"如果先生之策能够实现，我愿和你共享秦国的江山。"

（四）

商议已定，吕不韦便筹集了黄金千金，其中500金交给异人，让他结交赵国的权贵、各国的质子和宾客们，而自己则带另外500金西入咸阳，帮助异人游说华阳夫人。吕不韦不愧是一个千古奇才，他从华阳夫人的弟弟阳泉君和姐姐入手，顺利地见到了华阳夫人。

吕不韦命人将从东方六国搜罗来的奇珍异宝都抬到华阳夫人的面前，华阳夫人果然大喜。吕不韦趁机说：

"吕某与王孙异人为至交，不得不在夫人面前替他鸣不平。异人天生异禀，聪慧而有贤德，广结诸侯和天下宾客，却无法逃脱在赵国为质的命运。王孙在赵国常常对吕某说，夫人德与天齐，夫人由楚国嫁入秦国，实在是秦国王室和百姓之福啊！只可惜，王孙久为人质，不得在左右侍候夫人，他常因思念安国君及夫人而日夜哭泣呢！"

华阳夫人听到吕不韦这样说，又想到自己膝下无子，沉思片晌，忽然凄凉地说：

"我可怜的孩子啊！"

吕不韦听到华阳夫人称异人为"我的孩子"，心下大喜，知道大事已成一半了。

稍后，吕不韦告别华阳夫人，再次去拜访她的弟弟和姐姐。所谓"一人升天，鸡犬得道"，华阳夫人得宠，她的兄弟姐妹自然也是个个得享荣华了。

一见到阳泉君，吕不韦便故作高深地说：

"君王的死期已经不远了，你难道还不知道吗？"

阳泉君大怒，指着吕不韦骂道：

"大胆，你竟敢如此猖狂，小心你的脑袋搬家！"

吕不韦深深一躬，说道：

"请大人听小人慢慢道来。如今，大人一家都居高位，但安国君的长子子奚门下哪有尊贵之人呢？大人府上到处是奇珍异宝，马厩里养着无数骏马，后庭的美女也不可胜数。但大人可曾想过，这些都是靠华阳夫人得宠啊！然而华阳夫人膝下无子，一旦子奚将来登上王位，恐怕这些荣华富贵也就都保不住了。"

吕不韦斜眼看了看阳泉君，见其面如土色，汗如雨下，又接着说：

"到时候，恐怕连大人一门上下的性命也难保了！"

阳泉君听到这里，吓得一屁股坐在榻上，不停地擦汗。吕不韦直起腰，低声说道：

"在下有一计，可以保大人一门上下的周全。"

阳泉君听罢，立即站起来，拉着吕不韦来到后室，对他深深一躬，恳求道：

"请先生教我！"

吕不韦不紧不慢地说道：

"如今秦王年事已高，安国君年纪也不小了，一旦这两位离世，子奚必然会被大臣们按照长幼之序推上王位。到时候，恐怕华阳夫人的门前就要荒草丛生了。"

阳泉君忙问：

"那我们该怎么办呢？"

吕不韦微笑着说：

"王孙异人是一位贤能之人，只可惜被遗弃在赵国。他的母亲夏姬不得宠，自然顾不了他，但华阳夫人可以帮他啊！异人在赵国无日不思念故里，天天盼望着回来。如果华阳夫人能将他过继为子，请求安国君立其为嗣，异人将来登上了王位，难道还能忘了华阳夫人的大恩大德吗？"

阳泉君连连点头，然后立即派人把姐姐叫到府中，与其商议对策。姐姐沉思半晌，缓缓说道：

"这件事情就交给我吧，我马上进宫去见妹妹。"

阳泉君将姐姐送到秦宫门前便退去了。华阳夫人久处深宫，见到姐姐自然万分高兴。但姐姐却一反常态，冷冷地对她说：

"我常听人说，靠美色而得到宠爱的，等到年老色衰，宠爱也就不复存在了。如今妹妹得到太子的宠爱不也正是因为年轻貌美吗？但谁也无法做到青春常驻，妹妹就不担心在年老之时失去恩宠吗？"

姐姐的一席话说得华阳夫人汗如雨下，连声问道：

　　"那该怎么办呢？"

　　姐姐又说：

　　"常言道'子凭母贵'，但却不知道'母凭子贵'的道理。如今妹妹膝下无子，何不在诸多庶子中过继一人为嫡子呢？如此一来，在太子有生之年，妹妹能够得到后宫和天下人的尊重；即便将来太子不在了，你的嫡子继位为王，也不至于失去权势。这正是说一句话而得到万世之利啊！妹妹何不趁得宠之时向太子说明此事呢？一旦恩宠不在，妹妹想要开口都没有机会了。"

　　华阳夫人深以为然，遂追问道：

　　"依姐姐之见，我立谁为嫡子较为合适呢？"

　　姐姐沉思片响，回答说：

　　"我听说在赵国为质子的异人贤孝，可以立为嫡子。你想啊，他在诸子之中的排行靠后，如果按照长幼之序的话，他肯定没有被立为嫡子的希望。如果妹妹帮助他登上嫡子的位置，他难道会忘了妹妹的厚恩吗？"

　　华阳夫人想了想，点了点头，决定向安国君吹吹枕边风，立异人为嫡子。

第二章　乱世王孙

近代平一天下，拓定边方者，惟秦皇、汉武。

——（唐）李世民

（一）

春日的一天，百花盛开，风和日丽，正是游玩的好时节，安国君兴致盎然地邀请华阳夫人一同饮酒赏花。在闲聊间，夫妇二人便提到了在赵国为质的异人。华阳夫人立即抓住时机，称赞异人道：

"我听从赵国回来的人说，异人十分贤孝，又广结宾客，与其交往的人无不交口称赞……"

安国君虽然不大喜欢异人，但到底父子情深，他点了点头凄然说道：

"只可怜这孩子还要在赵国过一段时间的苦日子。"

华阳夫人见安国君动了父子之情，忽然低下头，故作悲伤之状，低声哭泣起来，并说道：

"看到异人这么争气，我想到自己膝下无子，不禁伤心起来。"

安国君想到自己最宠爱的正妻膝下无子，也不禁唏嘘起来。这时，华阳夫人低声说道：

"我想将异人过继到膝下，立他为嫡子，不知太子是否愿意？"

安国君想到异人正在赵国受苦，心里着实有些内疚，又见华阳夫人如此恳求自己，哪有不答应的道理？他马上点点头，说：

"爱姬不用担心，我这就叫人雕刻玉符，立异人为嗣！"

第二天，安国君立异人为嗣的消息便在秦宫中传开了。吕不韦兴奋不已，他的政治投资已经成功了一大半。

几天之后，华阳夫人和安国君一起召见了吕不韦，令他携带一些贵重的礼物到赵国赏赐给异人。吕不韦受命，告辞后便登上马车，直奔邯郸而去。

来到邯郸，吕不韦发现异人的处境已经改善了很多。他的寓所前车水马龙，宾客摩肩接踵，好不热闹。这种场景既是异人用金钱结交各国宾客的结果，也有他嫡子身份的功劳。秦国是天下霸主，谁不愿意结交秦国将来的国君呢？

吕不韦是一个很识相的人。他把安国君和华阳夫人赏赐给异人的礼物放下后，稍稍寒暄几句便返身退了出去。异人也不去追，正所谓"大恩不言谢"，他暂时还没有办法报答吕不韦的恩情。

在吕不韦积极帮助异人夺取嫡子身份之时，秦昭襄王也没有停止他的称霸之路。在攻占了魏国重镇怀之后，秦昭襄王又派重兵攻克了邢丘（今河南温县附近），终于迫使魏国亲附于己。紧接着，他又大举攻韩，先后攻取了陉（今河南济源西北）、高平（今河南济源西南）、少曲（今河南济源西）等地。

公元前261年，秦军攻克了韩国的交通和军事重镇野王（今河南沁阳），将韩国拦腰截为两段。消息传来，韩国上下一片恐慌，急忙遣使入秦，以献上党郡（今山西长治一带）向秦求和。然而，韩国上党太守冯亭却不愿献地入秦，而是献上党之地给了赵国，促成了赵、韩携手抗秦的局面。

短视的赵孝成王居然接受上党之地，结果招来了秦军。公元前262年，秦军兵分两路，一路牵制韩国，一路直扑上党。驻守上党的赵军不敌，急忙退守长平，死守不战。范雎遂使出离间计，促使赵孝成王罢免了老将廉颇，起用了只会纸上谈兵的赵括。

结果，赵括一到长平便令赵军全力出击。秦军上将军白起一边命令部队佯装溃退，一边组织奇兵切断了赵军与其大本营之间的联系。赵括立即陷入孤立无援之境，粮草断绝的赵军陷入一片混乱。

50天之后，溃不成军的赵军终于沉不住气了，纷纷向秦军投降。但投降也未能保住这些败军的性命，除240名少年之外，投降的40万赵军全部被白起下令活埋。在此战中，赵军虽然全军覆没，但秦军也损失惨重，伤亡过半，无力再战。

（二）

秦、赵两国再次爆发大规模的战争，不仅两国的百姓和士兵饱受煎熬，在赵国为质的异人也首当其冲地被卷入进来。战争一爆发，赵国的王公大臣们便气势汹汹地来到异人的寓所前，高声喊道：

"杀死秦狗异人，杀死秦狗异人！"

异人吓得躲在寓所里，终日不敢出门。他多次抓住仆人的肩膀，一边用力摇晃，一边疾呼：

"我该怎么办？我该怎么办？"

仆人木然地站在原地，一点儿办法也想不出来。异人松开仆人，垂头丧气地跌坐在榻上，叹息道：

"得到了嫡子的身份又有什么用处呢？我这条命看来是要丢在赵国了！"

不过，赵国的王公大臣并非全是鲁莽之人。一天，一位大臣向赵孝成王进谏道：

"大王，异人杀不得！如今秦强我弱，秦王千方百计地寻找借口要灭我赵国。杀一个人异人对秦国无害，但一旦异人死了，秦王就有借口再动刀兵攻打我国了。"

赵孝成王沉思片响，觉得此人说得有道理，便下令道：

"今后不准再去骚扰秦国王孙，否则杀无赦。"

异人虽然保全了性命，但受些冷嘲热讽、吃些残羹冷炙还是无法避免的。好在有吕不韦的照应，他才不至于忍饥挨饿。一天晚上，异人又应吕不韦之邀前往吕府赴宴。时值深秋时节，月朗星稀，秋风习习，令人好不惬意。吕不韦见自己的政治投资已经成功了一大半，高兴不已，不免劝异人多喝了两杯。然而，独处异乡的异人三五杯酒下肚之后，对景伤情，一片愁绪不禁涌上心头。他仰首将杯中酒一饮而尽，长叹道：

"月是故乡明啊！"

吕不韦放下酒杯，轻声道：

"大丈夫志在四方，岂能像小女子一样，总是长吁短叹呢？"

异人苦笑了一声，回答道：

"大丈夫也有故乡啊！不知不觉间，我到赵国为质已经5年有余了。远离故乡和家人的滋味着实令人难以忍受啊！"

吕不韦长期在外经商，三五年也难得回家一次，听异人这么一说，乡愁也被勾了上来。不过，吕不韦不比异人，他家财万贯，高朋满座，有的是方法排遣乡愁。近日，吕不韦又新纳了一个侍妾，名叫赵姬。赵姬是邯郸城中一个富贵人家的女儿，不但长得倾国倾城，而且能歌善舞，多才多艺。

吕不韦端起酒杯，一饮而尽，大声说道：

"酒筵之上怎么能没有歌舞助兴呢？在下新近在邯郸纳了一个侍妾，能歌善舞，色艺俱佳。如果王孙不介意，在下就命她来与我们助兴解闷怎样？"

异人忙道：

"岂能让先生的内室起舞助兴呢！"

"没关系，你我现在是兄弟，何必拘此小节呢！"吕不韦可能觉得自己失言了，忙补充道，"该死，该死！王孙贵为万金之躯，吕某不敢高攀！"

异人忙说：

"先生言重了。如果没有先生，异人可能早就横尸邯郸街头了！"

这时，吕不韦吩咐身边的仆人说：

"去把赵姬请来，让她为王孙起舞助兴。"

说话间，两个衣着光鲜的婢女陪同一位丽人缓缓走出屏风。这位丽人便是吕不韦的侍妾赵姬。异人抬头看了赵姬一眼，立刻就被她的美貌和风韵吸引住了。

吕不韦见状，不免生起气来。但转念一想，如果为了一个侍妾与异人闹翻，实在是前功尽弃。想到这里，吕不韦摇了摇头，叹了口气道：

"罢了，罢了！"

（三）

整个晚上，异人的眼睛都没有离开过赵姬。直到灯阑酒尽，异人才忙坐直身子，准备起身告辞。然而，赵姬的身影和容貌却始终在他的脑海里挥之不去。

忽然，异人借着酒劲儿，伏地向吕不韦说道：

"异人有一件事恳求先生，请先生务必应允。异人孤身在赵国为质，昼则形单影只，夜则寒衾难眠。若先生体恤异人，万望能够恩赐此姬与我为妻。"

吕不韦没想到异人竟会如此唐突，一时有些发懵。但他马上就缓过神来，将异人扶起，叹息道：

"罢了，罢了！就让赵姬再嫁给你吧！"

第二天，吕不韦便亲自驾车将赵姬和诸多嫁妆送到异人的寓所。由于身处异国，异人的婚礼没办法以王孙大婚的礼制操办，只好一切从简。从此，异人与赵姬便成为一对苦命的夫妻。

几个月后，赵姬有了身孕，异人非常高兴。此后，异人更加小心地照顾赵姬，对她百般恩宠。就在此时，秦、赵两国的关系又变得紧张起来。

长平之战后，赵、韩两国以献6座城池为条件向秦国求和，秦昭襄王答应罢兵休战。然而，赵孝成王很快就意识到，秦国的休战是因力尽兵疲,并非真心休战。因此,他立即毁约,并发起合纵,联合齐、魏、楚、韩等国共同抗秦。

秦昭襄王闻讯后,勃然大怒,遂发兵大举伐赵。公元前259年9月,秦国大将王陵率部逼近赵国首都邯郸,赵国全民皆兵,退守都城,全力抵抗。异人一家的处境因此也变得艰难起来,赵孝成王派人将异人监视起来,并晓谕各城门守将,不准放异人出城。

秦军围城数月后,赵姬突然出现临产征兆。异人一面派人去请吕不韦,打算与他商议应对政局的变故,一面遣人去请产婆,为妻子接生。

吕不韦来到异人的寓所,异人忙迎上去,小心翼翼地说:

"先生快救救我,赵王已经派人监视我了!"

吕不韦在门前看到影影绰绰的人影,便料到那些人就是奉命来监视异人的。他沉思片刻,说道:

"王孙不要慌乱,现今秦兵大军围城,赵王未必敢对你下手。否则的话,秦兵个个死战,邯郸定然不保。"

异人擦了擦汗,心里平静了许多。就在这时,后室中传来一阵婴儿嘹亮的啼哭声。异人丢下吕不韦,快步走到后室,见虚弱的赵姬身边已多了一个婴儿。产婆忙上前道:

"恭喜王孙,夫人诞下一子,请王孙赐名。"

异人望了望窗外的秋景,颓然说道:

"如今正是正月,不如就叫他政吧。"

这时赵姬开口说道:

"这名字真好!政儿出生在兵荒马乱的赵国,而王孙祖上又与赵国王室同姓,不如就称他为赵氏吧。"

异人点了点头,说:

"这个主意很好,也好让政儿不忘他出生时所遇的凶险。"

那个静静躺在赵姬身边的孩子就是赵政,即千古一帝秦始皇。这也是为什么嬴姓的始皇帝在许多史书中被称为赵政的缘由。不过,当时谁也没有想到,这个在围困之中降生的男婴日后会成为历史上第一个统一中国的王者。

（四）

混战仍在继续，秦军奋力攻城，赵军则拼死守城。赵国相国平原君赵胜散尽家财，招募死士，用血肉之躯挡住了秦军无数次的疯狂进攻。每个赵国人都明白，这是赵国生死存亡之际，也是他们最后的求生机会。有人想过投降，但他们一想到秦军在长平之战后坑杀的40万赵军降卒，便不得不硬着头皮撑下去。

战争进行到第二年盛夏之时，秦军伤亡惨重，而赵都邯郸却依然屹立。秦昭襄王大怒，决定撤掉主将王陵，命白起接替他。白起清醒地意识到，由于自己在长平之战中下令坑杀40万赵军降卒，一旦他前去担任秦军主将，赵军的抵抗必定会更加顽强。更何况，秦军经过连年苦战，已经筋疲力尽，取得胜利的几率微乎其微。于是，白起决定托病不出。秦昭襄王无奈，只好派王龁前往邯郸外围，接替王陵出任秦军统帅。

见秦昭襄王阵前易将，并一再增派兵力，赵孝成王吓坏了。他一边派人向楚、魏等国求援，一边怒气冲冲地要杀掉异人。这次任谁劝说，赵孝成王都不听了，他下决心一定要杀了异人。

异人十分惶恐，急忙找吕不韦商议对策。吕不韦贿赂了赵国几个王公大臣，但得到的答复却惊人的一致：他们也无可奈何。

异人吓得跌坐在榻上，黯然垂泪，凄凉地说道：

"堂堂秦王的嫡孙就要死在异国他乡了！做了这么多年质子，我早已厌倦，死或许是一种解脱，但我可怜的政儿尚不满周岁，难道也要陪我葬身于此吗？"

听到丈夫的哀叹，赵姬抱着儿子从后室走出来，坚定地说：

"请夫君放心，我即使百死也要保住我们的政儿！"

异人站起来，凄然地看看赵姬，又看看正在赵姬怀中的赵政。幼小的赵政现在还根本不知道父母心中的忧虑，他舞动着两只小手，想要抓母亲的发髻，玩得不亦乐乎。

第二天，异人发现，赵孝成王派来监视自己的人突然多了起来。他心中才稍稍安稳一些，这至少说明赵王不会立即将自己杀掉。

残酷的战争又持续了一年多，赵王、赵国的王公大臣和百姓们无不度日如年。异人也日日自危，唯恐项上人头被赵王挂到城墙上去，而吕不韦和赵姬也像异人一样苦闷不已。唯一令他们感到欣慰的是，赵政在大军围城的日子里渐渐长大，并开始牙牙学语了。

在秦军的重重围困之下，邯郸城里死伤日多，粮草也即将耗尽，如果秦军再不退去，赵国就要永远消失了。就在这时，赵王派往秦国的奸细前来报告称，秦王已经派郑安平率军两万奔邯郸而来了。

赵孝成王一听，心中惊慌不已，担心这下赵国数百年的基业就要毁在自己手上了。这时，一名大臣向赵王进谏说，既然秦国不放过赵国，那么留着秦国的质子异人还有什么用呢？不如杀掉算了。

赵孝成王看了看这位大臣，忽然发疯似地喊道：

"来人，将秦国王孙异人全家斩首示众。"

众人领命，带着士兵气势汹汹地向异人的寓所而去。赵国王公大臣中有不少人收受过异人和吕不韦的贿赂，现在他们见赵王真的要杀异人，急忙派人前去通风报信。

吕不韦和异人提前得知消息后，当下商议一起逃往秦军大营。异人内疚地说：

"眼下也只有如此了。只是苦了先生，你万贯家财都要因我而散了。"

吕不韦苦笑道：

"时至今日，还说这些干什么呢？"

突然，异人凄然地说：

"可是赵姬和政儿该怎么办呢？"

吕不韦沉思片晌，回答说：

"无妨！赵姬之父乃城中富贵之人，他定会想方设法保住夫人和公子的。"

在兵荒马乱之际，异人自命不保，因此也无暇顾及妻儿。他痛苦地紧闭双眼，抿着嘴仰起头，眼泪在眼眶中打转……

始皇帝亲政后，巡游天下，几乎走遍了中华大地的山山水水，许多地名至今还深受他的影响。据说，始皇帝南巡洞庭湖时，在湘山祠湖面遇到了大风浪，几乎船翻人亡，一行人好不容易才登上湘山躲过一劫。于是，始皇帝便命将湘山改名为君山，并沿用至今。

第三章　黑暗童年

　　始皇帝，自是千古一帝也。始皇出世，李斯相之。天崩地
坼，掀翻一个世界。是圣是魔，未可轻议。祖龙是千古英雄挣
得一个天下。

——（明）李贽

（一）

　　深夜时分，异人和吕不韦装扮成商人的模样，合乘一辆马车悄悄溜到城门边上。此时，邯郸城里已经乱成一团，赵国士兵正在四处搜查异人的下落。幸运的是，有些将领收过异人和吕不韦不少金银财宝，因此也只是做做样子，根本不用心搜查。

　　二人来到城门边上，只见城门紧闭，戒备森严，一名校尉带着数十名士兵正在那里盘查想要出城的人。

　　吕不韦见状，沉思片刻，又看看放在车上的一个包裹，低声说道：

　　"王孙尽管放心，这世上用金子无法解决的事情毕竟不多！"

　　异人点了点头，稍稍镇定了些。待那名校尉将想要出城的人尽数赶回去之后，异人和吕不韦驱车来到跟前。吕不韦提着包裹，跳下马车，来到校尉的跟前低声嘀咕了几句。那校尉转过身，背向士兵，吕不韦低头哈腰地跟过去，悄悄从包裹中摸出几锭金子递了过去。那校

尉掂了掂金子的分量，狡黠一笑，转身对士兵们说：

"开城门，此人是出城探亲的。"

士兵们领命，打开了城门。吕不韦不敢逗留，忙登上马车，抡起鞭子抽在马身上。马嘶鸣一声，拉着车扬尘而去。马车出城之后，异人撩开帘子，望着邯郸城，眼中既有悲愤，也有无限的依恋。

异人和吕不韦在逃脱了赵国人的监视后，直奔秦军大营。秦将王齕闻知秦王嫡孙异人逃出邯郸，忙派人接应。在秦军将士的护送下，异人和吕不韦很快就来到了咸阳。之后，他们首先要拜见的自然是秦国太子安国君和华阳夫人了。精明的吕不韦精心为异人打扮了一番，让他穿着楚服入宫觐见。异人知道吕不韦的心思，笑而不语，悄悄吩咐仆人办理去了。

不一会儿，仆人便手捧一套华贵但却肮脏不堪的楚服进来了。异人既不沐浴，也不梳头，换上肮脏不堪的楚服，便拉着吕不韦入宫觐见去了。吕不韦见状，面露微笑，心下大喜：

"我果然没有看错人，此人的确是一位可造之材。"

见到安国君和华阳夫人后，异人"扑通"一声双膝跪倒，然后伏地大哭道：

"父亲、母亲，不孝儿异人终于见到你们了！"

安国君鼻子一酸，眼泪流了下来。他一边擦着眼泪，一边命侍从将异人扶起来。华阳夫人见异人蓬头垢面，一身楚服也肮脏不堪，便问道：

"我儿为何不沐浴更衣？"

异人又"扑通"一声跪在地上，顿首道：

"母亲，孩儿在赵国为质多年，无日无夜不思念父亲和您啊！我一回到宫中，就想着来见您和父亲，竟忘了沐浴更衣，请母亲饶恕孩儿不敬之罪吧！"

华阳夫人是楚国人，见异人穿着一身楚服已经乡愁难耐了，如今听到异人这样说，又想到自己膝下无子，不禁凄然道：

"我儿快起来！我原为楚国人，你是我的儿子，以后就以'楚'为名吧！"

从此，异人便改名为楚，字子楚。出于对尊者的敬重，史书上多称其为"子楚"，而不呼其名。子楚一身楚服见华阳夫人的作法巩固了他的嫡子之位，也为仍在赵国藏匿的赵政奠定了将来继承王位的可能性与合法性。

此后，子楚便以嫡子的身份住在秦宫的太子宫中，每天必到安国君和华阳夫人的寝宫请安问好，态度十分恭顺。虽然他也很牵挂身处冷宫的生母夏姬，但也只能在夜深人静之时悄悄前往看望一下。至于吕不韦，秦国专门负责接待四方宾客的官吏早已将他安顿到客卿馆中，每日好生侍候着。

（二）

子楚和吕不韦逃离邯郸后没多久，战场的形势就发生了戏剧性的变化。秦将郑安平所部两万余人突然被围，郑安平被迫率军投降赵国。

郑安平投降后，王龁顿失左膀右臂，秦军受阻，逡巡不前。魏国安釐王（？—前243，前276年至前243年在位）同父异母的弟弟信陵君窃取虎符，发兵救赵。而楚国也在此时加入战争，导致秦军三面受敌，全线崩溃。三国联军乘势收复了多年来被秦国侵占的大片土地。

经过这一战役，秦兵死伤大半，秦国暂时无力再战，不得不与三国议和。元气大伤的赵、魏、楚三国也趁机休兵罢战。随后，战国进入为期20年相对和平的时期。

由于史书记载不详，人们无法得知赵政在赵国是如何度过童年的。从理论上讲，秦、赵两国罢兵之后，赵姬母子的生活应该有所改善。赵家是邯郸城中的富贵人家，赵政又是秦王嫡孙之子，赵家上下在物质上应当不会亏待他们母子。不过，凡事也不能靠主观臆想。

据《史记·秦始皇本纪》中记载，始皇帝眼球突出，胸部像鸷鸟一样凸起，声音像豺狼一样尖利刺耳。而现当代的一些著名史学家曾根据始皇帝的相貌特征推测，他可能是软骨症和鸡胸症的患者。现代医学认为，无论是鸡胸症还是软骨症，都是由于从婴儿到少年时期严重的营养不良导致的。也就是说，如果始皇帝真的患有这两种疾病的话，他的童年生活应该过得比较凄惨。

这种推测极有可能是历史事实。此时的赵国刚刚逃过生死劫难，对敌对国的王族自然不会客气。如果赵王要折磨赵政的话，赵家肯定无力抵抗，只能任由赵国的王公大臣们欺凌。甚至有史学家推测，赵政母子可能被赵家赶出家门，流落街头。赵姬善歌舞，有可能是靠卖笑养活儿子的。

而赵政在童年时不但要忍饥挨饿，还要时不时地遭受赵国人的白眼和王公大臣们的欺凌。根据《史记》记载，秦始皇在灭掉赵国后杀了不少欺负过他的人。从这些记载可以推测出，赵国人确实没有给他好脸色。幼年的这种经历对赵政的性格影响很大，他那阴冷、暴戾、乖张的性格或许就是这个时候形成的。

根据史书上的只言片语，赵政在幼年时可能就结识了对他一生影响虽然不大、但却因他而名扬天下的燕国太子燕丹。燕国是战国七雄中实力最为弱小的国家之一。在历史上，它曾饱受两个强大的邻国——赵国和齐国的欺凌。当时，燕丹的父亲燕喜刚刚继位不久。为了保住苟延残喘的王国，燕喜只好忍痛将年幼的燕丹送到赵国为质子。据推测，燕丹当时的年纪应当与赵政相差不远。

作为弱小的燕国送来的质子，燕丹在赵国的日子也不好过。但从理论上说，他当时应该比赵政的处境稍好一些。在那些日子里，他们两人可能经常聚在一起玩耍。

（三）

时光荏苒，转眼就到了公元前251年，即秦昭襄王五十六年。这一年秋天，秦国历史上在位时间最长、为统一大业奠定了全面基础的秦昭襄王病死了，享年75岁。

咸阳城里顿时哭声震天，朝野上下陷入一片混乱之中。一代有为之君死了，秦国怎么办？秦国的百姓怎么办？秦国的统一大业怎么办？一时间，人们忧心忡忡，似乎全然忘记了秦国的太子安国君。

直到发丧之日，安国君一身丧服出现在国人面前时，人们才想起，秦国并不会因为秦昭襄王驾崩而停止一统天下的脚步，秦国还有太子安国君。按照秦国的礼制，秦昭襄王驾崩后，安国君必须守丧一年方能登基。

但"国不可一日无君"，安国君虽然没有登基，实际上已经在主持国政了。秦昭襄王的逝世让东方六国看到了存活的机会，各国纷纷派使节前来吊丧，趁机巴结秦国新君。韩桓惠王（？—前239，前272年至前239年在位）甚至穿着一身重孝，以臣子之礼前来吊唁。

这一年，安国君尚未登基便册封华阳夫人为王后，立公子子楚为太子。子楚这才想起被他遗落在赵国的赵姬和赵政母子，想起多年来自己只顾着为王储之位奔忙，全然没有顾上他们母子的死活。想到这里，子楚内心悲伤不已，立即联络曾在赵国的朋友，请他们帮助打听赵政的下落。

自邯郸之围后，秦、赵两国间的和平维持了很长时间，赵孝成王自然希望这种局面能够持续下去。如今，他见昔日在赵国为质的异人已经贵为秦国太子，心中不免忧虑。想起当初异人在赵国受到的虐待，赵孝成王胆战心寒，生怕他将来登上王位会伺机报复。

赵孝成王正愁没有办法巴结异人时，异人却主动向赵国求助。此时他自然不敢怠慢，立即派人将赵政母子请到王宫，好生伺候。

公元前250年秋，赵政和母亲赵姬登上了赵王为他们准备的马车，向咸阳进发了。一路上，赵姬心花怒放，喜不自胜。而8岁的赵政则静静地扒着车窗，望着外面的风景。他的内心波澜起伏，久久不能平静。所谓"三十年河东，三十年河西"，想起昔日在赵国受到的种种屈辱，再看看今日所受到的礼遇，赵政明白了一件事情：大丈夫立于天地间，切不可手中无权。

赵政暗暗发誓，将来一定要登上秦国的王位，指挥千军万马踏平赵国，将那些曾经侮辱过他的人统统杀掉。在战争频繁的年代，一个饱受屈辱的贵族少年产生这样的想法似乎也在情理之中，但仍不免太阴暗了。

马车在旷野中行驶了一个多月才到达咸阳。一下车，赵政就发现，与赵国的都城邯郸相比，咸阳繁华多了。咸阳是商鞅变法时期创建的一座新型都城，当时是按照东方的鲁、卫等国都城的形式建造的。经过几代君主的开发与经营，到秦昭襄王末年，咸阳已经成为一个名副其实的大城市了。后世有一个说法，"天下财富十分之六聚集在关中，而关中十分之七八的财富则聚集在咸阳城内"，由此可见咸阳的繁华程度。

与邯郸更加不同的是，咸阳街头根本没有全副武装的士兵，也没有不停驶向前线的战车，街头没有发臭的尸体，城外也没有肆虐的野狗。早已习惯了哀嚎遍野、刀光剑影的赵政一下子还适应不过来。他抬眼望了望赵姬，忽然问道：

"母亲，咸阳怎么不打仗啊？"

赵姬摸了摸儿子的头，说：

"小孩子不要乱说话。"

前来迎接赵政母子的大臣走上前来，深深一躬，微笑着说道：

"启禀王孙，是这么回事。普天之下，放眼望去，根本没有一个国家有实力来攻打我们的咸阳城。当然，也没有人敢这么做。东方六国的诸侯个个都对我们服服帖帖，怎敢妄动刀兵呢？"

赵政挥了挥手，让大臣抬起头来，天真地问道：

"那只有我大秦去打别人了？"

大臣忙道：

"这是自然。"

赵政缓缓说道：

"如此说来，我报仇之日不远了！"

大臣问：

"王孙要报什么仇？"

赵政大声说道：

"我要攻打赵国，将那些欺负过我的人全部杀掉！"

赵政此言一出，护送他们来咸阳的赵国使臣吓得冷汗直冒，心里直呼：

"这可怎么是好！这可怎么是好！"

那位秦国的大臣斜眼看了看赵国的使臣，又转身对赵政说：

"请王孙放心，这一天不会太远的。"

（四）

回到咸阳之后，赵政母子便随同子楚住在太子宫里。子楚一边请名师教导赵政，一边积极协助安国君处理政事。公元前250年，安国君正式登基为王，史称秦孝文王。然而没想到的是，秦孝文王登基刚刚三天便死去了。因此，子楚顺利地登基为王，史称秦庄襄王。

子楚登基后，立即尊华阳夫人为太后，生母夏姬为夏太后，立赵姬为王后，立赵政为太子。

秦孝文王的突然去世大大缩短了赵政与秦国最高权力之间的距离，也为他登上秦国的王位提供了绝佳的政治机缘。如果秦孝文王也像秦昭襄王那样，把持政权长达几十年，赵政能否在历史发展的关键时刻登上政治舞台就很难说了。

不过，秦庄襄王的继位也在无形中为赵政将来独掌大权设置了一道障碍，这道障碍便是吕不韦。庄襄王没有忘记他曾经对吕不韦许下的诺言。刚刚登上王位，他便任命吕不韦为相国，统领群臣。

至此，吕不韦的政治投资得到了丰厚的回报，而且正如他的父亲所说的那样，其利润不可以用数字衡量。在先秦时期，乃至整个封建社会，商人虽然富甲天下，但却没有社会地位，不得干政。吕不韦虽然登上了相位，但对秦国却没有尺寸之功，群臣不服。所以，他一上位便劝说庄襄王大赦天下，重赏先王的功臣，拉拢民心。

吕不韦的这一招很高明，说明他不但是一个颇有眼光的商人，也是一个出色的政治家。他明白，政治的基础是民心，得民心者得天下。所以，他先劝说庄襄王缓和国内的各种矛盾，然后再将矛头指向国外，统一天下。

经过一年多的苦心经营，庄襄王赢得了民心，吕不韦的政治地位也稳固了。公元前249年的一天，吕不韦来到咸阳王宫面见庄襄王。两位老朋友相见，君臣间的繁文缛节能免的都免了。刚一见面，吕不韦就说：

"大王，西周弹丸之地已被令祖昭襄王所收，周赧王（？—前256，前314年至前255年在位）业已在落魄中郁郁而死，如今东周之地无主，我们何不趁机取之？"

吕不韦这里所说的西周和东周并非历史学家对周朝历史划分意义上的西周和东周，而是指周赧王时期一分为二的周王室领地。东、西周分别为东周公和西周公统治。公元前256年，秦昭襄王攻灭了西周，周赧王蜷缩在东周苟延残喘。秦昭襄王轻而易举地收了象征王权的九鼎和其他珍宝，又把西周公迁离西周，软禁起来。

庄襄王继位的第二年，秦国国力和兵力都得到了极大的恢复，国库充盈，兵强马壮。吕不韦雄心顿起，想一举灭掉东周，为将来统一东方六国奠定基础。东周地域虽小，但地理位置十分优越，它就像一根楔子一样，深深地嵌入韩、赵、魏三国的腹地。

庄襄王听完吕不韦的叙述，沉思片刻，回答说：

"既然相国已经拿定主意，就依计而行吧！"

不久，吕不韦便亲率大军直奔东周而去，轻而易举地占领了周王室的领地河南（即王城，今河南省洛阳市西北）、洛阳、谷城（今河南省新安县）、平阴（今河南省孟津县）、偃师（今河南省偃师市）等地。从此，秦国的领土便像一把尖刀一样，直插韩、赵、魏三国的心脏地区。

吕不韦灭周的消息传到咸阳之后，庄襄王大喜，立即册封他为文信侯，并将洛阳的10万户作为他的食邑。

紧接着，秦国大将蒙骜又率部攻占了韩国的成皋（今河南省虎牢关）、荥阳（今河南省荥阳市）等地。庄襄王遂将这些土地连同周王室的领地合并在一起，建立了三川郡。如此一来，韩、魏两国都岌岌可危。韩国失去大片领地，已经完全沦为秦国的附属国；而魏国的都城大梁（今河南省开封市）也暴露在秦国的兵锋之下。

第四章　少年君王

有为汉一朝之皇帝者，高祖是也；有为中国二十四朝之皇
帝者，秦皇、汉武是也。

——（清）夏曾佑

（一）

东伐的节节胜利让庄襄王兴奋不已。在东方六国之中，他想首先灭掉赵国，以雪当年之耻。12岁的赵政也不时在父王面前大谈特谈自己幼年时所受的屈辱，希望庄襄王早日为自己报仇。吕不韦十分明白两位主子的心思，因此于公元前248年秋集结了数万大军，命蒙骜为将，大举入侵赵国。

与王陵和王龁不同，蒙骜放弃了直捣邯郸的策略，而是率部绕过邯郸，横扫其外围地区，让邯郸成为一座孤城，最后再集中兵力，聚而歼之。蒙骜大军所向，赵军纷纷出城投降，太原地区（今山西省西北部）和其附近的37座城池很快就被列在秦国的版图上了。

公元前247年，秦将王龁又率部扫平了上党地区的赵军残部，将其与蒙骜攻占的土地连成一片。庄襄王又设立太原郡，并派大军驻守，准备直捣邯郸。

然而就在灭赵指日可待之时，吕不韦却不知为何突然改变了主意，

劝说庄襄王调转矛头，对准同样岌岌可危的魏国。

庄襄王同样听从了吕不韦的建议，任命蒙骜为大将，统率驻扎在上党地区的秦军掉头向南攻击，直逼大梁。魏安釐王（？—前243，前276年至前243年在位）十分惊恐，立即派人前往赵国去请信陵君魏无忌。

在邯郸之围时，信陵君虽然率部赶走了秦军，但因窃取虎符，杀了魏国大将晋鄙，犯下了大罪。邯郸之战后，信陵君便留在赵国。这次听说魏王派人请他回国，就预先警告手下的人说：

"谁敢为魏国的使者通风报信，我就杀了谁！"

信陵君的门客中不乏忠勇之士。他的门下就有一个酷爱赌博的毛公和做小生意的薛公，这两人都是非常有见识的人。他们听说信陵君拒绝返回魏国，便冒死相谏：

"公子之所以名重各国，其根本原因是由于您的背后有一个强大的魏国。现在魏国危在旦夕，公子却毫不在意。一旦秦军攻克大梁，夷平了魏国王室的宗庙，公子您还有什么脸面正视天下人呢？"

两人的话还没有说完，信陵君魏无忌便满面羞愧地登上了马车，直奔大梁而去。据史书记载，魏王见到弟弟后，老远就泪流满面地迎了上去，与他相拥而泣。随后，魏王任命信陵君为上将军，统率魏军，准备迎敌。信陵君一边分析军情，一边派使者赶赴东方各国求援。各国闻知信陵君准备再次与秦军大战一场，纷纷响应。信陵君率燕、赵、韩、楚、魏五国联军主动向西出击。

蒙骜没有料到信陵君会主动出击，被打得措手不及，只好下令西撤。信陵君抓住有利时机，命部队紧追不舍，一直追到函谷关才罢休。

蒙骜败退的消息传到咸阳之后，庄襄王和吕不韦都大吃一惊。庄襄王板着脸，突然咆哮起来：

"魏无忌啊，魏无忌！此人不死，我秦国的统一大业便无法完成！"

吕不韦接着说：

"大王所言极是。魏无忌在东方各国中威望极高，他振臂一呼，东方各国无不响应。我们只有先除掉他，方能完成万世霸业。"

庄襄王看了看吕不韦，问：

"相国有何妙计？"

吕不韦从袖中掏出一锭金子，狡黠一笑，回答说：

"大王请看，臣手中是何物？"

庄襄王看了看，大笑不止，连声道：

"好！好！真是妙计，真是妙计！"

吕不韦深深一躬，说道：

"大王过奖了！臣出身商人，自然知道金钱的用处。"

庄襄王点了点头，突然咳嗽起来，越咳越厉害，最后竟然咳出几滴血来。吕不韦一见，大惊失色：

"大王保重身体，臣这就去请名医。"

庄襄王摇了摇手，回答说：

"不必了，老毛病，休息一下就没事了。"

（二）

庄襄王与吕不韦商定后，便派使者携带黄金万斤前往魏国，贿赂信陵君的仇人晋鄙的门客。晋鄙的门客们正愁没有办法为主人报仇，如今庄襄王和吕不韦为他们想好了办法，而且还有黄金可拿，他们自然万分高兴。因此，他们开始在公开场合宣称：

"信陵君在外流亡近十年，现在被魏王任命为上将军，东方各国的将领都归他统辖。我听说，东方各国的诸侯们只知道魏国有信陵君，而不知道有魏王。"

另一些人干脆宣称：

"信陵君有南面而王之心。东方各国的诸侯们害怕他的威望，也有立他为魏王的想法。"

这些话很快就传到了魏王的耳朵里。当初他拜信陵君为上将军，主要是因为秦国大军压境。如今秦兵已退，而信陵君手中依然握有重兵，魏王本来就有些不悦。在听到这些传言后，魏王的疑心更重了，甚至派人悄悄监视信陵君的行踪。

恰在此时，庄襄王又几次派人大张旗鼓地向信陵君表示祝贺，问他是否已经做了魏王。魏王终于坐不住了，他当即把信陵君召入王宫，以种种理由剥夺了他的兵权。信陵君没想到自己的亲兄弟居然会听信谗言，罢免自己的兵权，十分伤心。从此之后，他便托病不出，日日与门客饮酒作乐，且多近女色。4年之后，信陵君终因纵情酒色患病而亡。

就在魏王剥夺信陵君兵权之时，庄襄王突然一病不起。5月的一天，吕不韦和赵政急匆匆地赶到王宫，来到庄襄王的卧榻之侧。躺在榻上的庄襄王骨瘦如柴，面如土色，眼睛已经睁不开了，显然已病入膏肓。赵姬和众位妃嫔都流着泪站在一旁，默然无语。

赵政"扑通"一声跪在庄襄王的卧榻前，哭道：

"父王，父王，您看看政儿啊！"

庄襄王有气无力地睁开眼睛，见吕不韦和赵政已来到榻前，便向他们招招手，示意他们再靠近些。赵政和吕不韦听从庄襄王的吩咐，向前移了移，庄襄王有气无力地说：

"寡人命薄，在赵国为质多年无病无灾，一旦登上王位，才3年有余就已病入膏肓了。政儿，我马上就要死了，你要当一个好大王，别忘了列祖列宗一统天下的霸业！"

赵政抹了抹眼泪，坚定地回答：

"请父王放心，孩儿一定踏平东方六国！"

庄襄王微笑着点了点头，连声道：

"好，好……"

接着，庄襄王将目光转向吕不韦道：

"寡人之所以能登上王位，多亏相国的谋划。如今寡人将逝，希望相国能像辅佐寡人一样辅佐政儿。"

吕不韦忙回答：

"辅佐君王成就万世之业本来就是臣子义不容辞的责任，即使大王不吩咐，臣也会尽心尽力辅佐太子的。"

庄襄王又将目光转向赵政，吃力地说：

"政儿，父王死后，你要像对待父王一样对待相国。从现在起，相国就是你的仲父，快拜见仲父。"

赵政转身面向吕不韦，深深一躬，口中道：

"赵政拜见仲父。"

吕不韦忙还礼道：

"臣不敢当！"

赵政说：

"仲父不要推辞！"

庄襄王也说：

"相国实为寡人之师。如果没有相国，焉有寡人和政儿的今天？政儿称相国一声'仲父'又有何不可呢？"

在庄襄王和赵政的再三坚持下，吕不韦受了赵政的大礼，做了他的仲父。几个时辰后，庄襄王便驾崩了。

（三）

秦庄襄王英年早逝为赵政登上秦国的王位提供了机会。但是，庄襄王病逝之时，赵政只有12岁，要一个12岁的孩子掌管一个庞大的国家机器，其难度可想而知。

公元前246年，赵政为庄襄王守丧一年之后，顺理成章地登上了秦国的王位，尊赵姬为太后。因为年幼，所有的国家大事都由吕不韦决定。年少的秦王政虽然深知权力的重要性，但一时还没有办法亲政。根据秦国王室的律法，国家的一切公文都要盖上秦王和太后两人的印玺，直到秦王亲政为止。

也就是说，在秦王亲政之前，太后要有摄政之权。然而，太后赵姬似乎并没有什么政治才能。因此，秦国的军政大权很快就落入相国吕不韦的手中。

年少的秦王嬴政曾认为，在登上王位之后，自己便可以无拘无束，想要干什么就干什么了。但他很快发现，这只不过是自己的一厢情愿而已。有一天夜里，秦王政做了一个梦，梦到当初在赵国为质时所受的种种欺凌。他在梦里跑啊逃啊，但始终无法摆脱那帮无赖。突然，他想到自己已是秦王，便大喝一声：

"大胆，竟敢对寡人无理！来人呐，将这些无赖推出去斩首！"

太监们听到秦王政的喊声，急忙冲进寝宫，惊慌失措地问：

"大王，有何吩咐？"

秦王政从榻上坐起来，见自己身处寝宫，方知刚才不过是做了一个噩梦而已。不过，他却不想将这样的梦再继续下去了。

第二天一早，秦王政便早早来到朝堂之上，召集王公大臣们商议国事。一员大臣上前深深一躬，然后问道：

"大王召集臣下有何要事？"

秦王政大声说道：

"我要发兵攻赵，诸位看谁可为将？"

众臣一听，纷纷将目光集中到吕不韦的身上。而吕不韦则面不改色地站在众臣之首，缓缓说道：

"大王，发兵攻赵之事可曾与太后商议？"

秦王政大声说道：

"我是大王！我说要攻赵，就要攻赵！"

吕不韦向秦王政拱了拱手，冷冷地说：

"大王，发兵攻赵事关社稷安危，不得不慎重考虑。先王驾崩不久，大秦四境不宁，不可妄动刀兵。依臣之见，发兵伐赵之事暂且搁置不议，待臣向太后禀报之后再议不迟。"

秦王政嘟哝着嘴，不满地说：

"仲父说怎么办就怎么办吧！"

自此之后，秦王政便明白了，当上大王没有实权也等于一个摆设。于是，这个13岁的少年便开始暗暗筹划怎样才能当上一个名副其实的大王。

不过，吕不韦虽然专权，但并不乱政，可以称得上是一代名相。秦王政继位之初，秦国的形势确实不乐观。当时，秦军刚刚受到信陵君的挫抑，接着太原郡又在赵国的策反下爆发叛乱，吕不韦立即命令大将蒙骜率部前往太原郡平叛。当时，信陵君魏无忌已经被魏王罢免了兵权，东方六国之中已经无人敢与秦军对阵了。所以，太原郡的叛乱也很快就被压下去了。

秦王政继位之初，东方六国都想方设法地削弱秦国的实力，尽量延迟秦军东进的步伐。韩桓惠王甚至想了一个非常拙劣的办法，即劝说吕不韦开渠治水，兴修水利。关东地区虽然富庶，但却终年少雨，对农业发展十分不利。韩桓惠王利用这一点，派韩国著名的水工郑国西入咸阳，游说秦国在泾水和渭水支流洛水之间开凿一条大型灌溉渠道。从表面上看，韩桓惠王是为了发展秦国的农业，但实际上，他的真实目的是要耗竭秦国的国力。

令韩桓惠王没想到的是，吕不韦欣然接受了郑国的建议，发动数十万人前去兴修水利。结果，这一浩大的工程虽然在一定程度上消耗了秦国的国库，但却为秦国的农业发展提供了极大的便利。因为开凿郑国渠而耗费的钱粮很快就被收了上来，而且后劲儿十足。

此后，吕不韦一边逐步对东方六国用兵，攻城略地，一边延揽各国的人才。战国后期，各国统治者都把延揽人才视为争夺天下的重要措施，纷纷致力于招揽人才。当时，魏国的信陵君、楚国的春申君、赵国的平原君和齐国的孟尝君，其门下的食客皆有数千人之多。秦国是天下霸主，吕不韦贵为秦国的相国和秦王的仲父，怎能连东方诸国的公子都不如呢？于是，他广招人才，并编著了著名的《吕氏春秋》。

据说，吕不韦编著这本书的用意就是借以教诲秦王政如何治理天下。从后来的历史事实看，吕不韦的目的并没有完全实现，但在政治、经济、思想和文化逐步走向统一的大背景下，《吕氏春秋》中提及的统一思想方案确实有助于各诸侯国的人民在思想文化上消除对彼此的敌意，从而促进大一统的历史进程。

第五章　嫪毐弄权

　　始皇时代之法制，实具伟大之精神，以一政府而统制方数千里之中国，是固国家形式之进化，抑亦其时思想之进化也。

　　　　　　　　　　　　　　　　　——（近代）柳翼谋

（一）

　　日月流转，时光飞逝，秦王政一天天长大，秦国的版图也在吕不韦的苦心经营下一天天扩大。到公元前242年，秦军在大将蒙骜等人的率领下，攻占了韩、赵、魏三国数十座城池，并将其连成一片设置东郡。至此，秦国的领地已经与齐国接壤了。东方六国大致被分割为南北两部分，各国之间的联系由此被阻断。

　　公元前241年，即秦王政七年，由楚国牵头，楚、赵、魏、韩、卫等国组织了最后一次合纵，发兵攻秦。此时，18岁的秦王政已开始逐步接触朝政。在他与吕不韦的指挥下，秦军在函谷关一带与五国联军展开激战。结果，五国之师迅速溃败，最后一次合纵也以悲剧收场。

　　在击败诸侯联军之后，秦军又乘胜攻取了魏的朝歌（今河南省淇县）和濮阳，直逼魏都大梁，迫使魏安釐王迁都于野王（今河南省沁阳），保守魏国的河内地区。楚国国都陈（今河南省淮阳）也遭到了极大的威胁，楚考烈王（？—前238，前262年至前238年在位）不得不把都城南迁至寿春（今安徽省寿县）。从此之后，东方六国便分崩离析了，诸侯间相互救援的合纵也被彻底瓦解。

随着秦国的实力一日日增强和秦王政一天天长大，秦国内部的矛盾也开始显露出来。首先是秦王政的弟弟长安君成蛟叛秦降赵。由于史书记载不详，现在已无法考证成蛟在叛乱之前的事迹。至于成蛟叛乱的原因，史书上语焉不详。历史学家推测，成蛟之乱很可能与秦国的王位之争有关。

成蛟大约出生在公元前246年至前245年之间，即庄襄王在逃离赵国之后，宠幸侧夫人所生。从理论上讲，赵政是子楚的正夫人、即后来的王后所生，是名副其实的嫡子和长子，拥有无可争议的王位继承权。父死子继、立嫡立长的君位继承制度早在西周时代就已经确立了。根据这一原则，只有在一国之君没有嫡子的情况下，才能选立庶子。当初，秦孝文王正是因为王后华阳夫人无子，才选立了庶子子楚。

从这一点来看，秦王政的王权具有无可争议的合法性。更何况，他是庄襄王亲自册立的太子，又是庄襄王在临终时明确指定的继承人。既然如此，秦王室又怎么会爆发王位之争呢？根据史书语焉不详的记载，大致可推测出，这极有可能与庄襄王、吕不韦及赵太后三人之间错综复杂的关系有关。

庄襄王驾崩之时，赵太后的年龄只有30岁左右，正是一个女人兼具美貌、成熟、知性的绝佳年龄。要一个女人在这个年龄上安心守寡本就是一件比较困难的事，更何况赵太后此时已享尽天下荣华，大权在握，是天下权势最大的人。然而，她却又不得不独处深宫，忍受着无尽的寂寞。

夫君英年早逝，而昔日的夫君吕不韦却又经常在眼前晃来晃去，年轻的赵太后想静心都难。吕不韦本来又是个精于算计、贪图享乐的商人，定然做不到修己以齐人，也做不到洁身以自好。根据《史记·吕不韦列传》记载，赵太后经常在后宫召见吕不韦，并伺机与其发生不轨之事。

然而，天下没有不透风的墙，即便赵太后与吕不韦两人大权在握，人们不敢当面议论他们的丑行，可风言风语也依然在秦宫，乃至咸阳传开了。今日的赵太后已与往日的赵姬完全不同。在赵国之时，赵姬充其量只不过是一个富贵人家的小姐，即便有些不守礼制之为也无伤大雅；但现在她已经是一位母仪天下的太后了，秦国上下无论如何也无法接受一个品行不端的太后。

此时，一天天长大的秦王政对成人之事也已略有所知。贵为一国之君，自己的母亲与大臣私通，脸面何存呢？每天在朝堂之上看见吕不韦，秦王政都想杀了他，以正天下人的视听。但他此刻尚未亲政，手中无权，暂时还不具备铲除吕不韦的条件。所以，他只能在隐忍中等待良机。

（二）

公元前240年的一天，秦王政独自在书房阅读《吕氏春秋》，学习王霸之术。先秦时期，各国诸侯基本上都是从马背上取得天下的，对自身的文化教育普遍不够重视，秦王政也是如此。他不喜欢看书，更不喜欢吕不韦为他编写的《吕氏春秋》。

秦王政看着看着，突然听到窗外有人在窃窃私语。秦王政悄声走到墙根，只听两个太监小声在议论着吕不韦与赵太后的事。

只听一人低声说：

"外面有传言说，太后与相国经常在后宫私通，甚至有人说大王并非先王之子，而是相国的儿子。"

另一人急忙低声制止他说：

"这种话说不得，小心项上人头！"

那人"嘿嘿"一笑，满不在乎地说：

"怕什么？大王年幼，太后与相国主政。即便大王知道了这些事情，恐怕也无可奈何！"

秦王政越听越气，转身走到房间拿起宝剑，气势汹汹地冲了出去。两个太监一见秦王政手握宝剑，转身想逃，但哪里还来得及。秦王政手起剑落，其中的一个太监已被砍倒在地。另一个太监见状，急忙跪在地上，哀求道：

"大王饶命！"

秦王政怒斥道：

"饶你一条狗命有何用，难道让你继续嚼舌根吗？"

太监见命已不保，冷笑道：

"大王可以杀我一人，却杀不尽天下人！"

秦王政举起宝剑，想要砍下去，那个太监站起来，冷冷地说：

"不必大王费力了！"

秦王政还没有反应过来，那名太监便一把握住剑刃，用力刺进自己的胸膛。秦王政松开手，那名太监的尸体颓然倒地，宝剑插在他的胸膛上，鲜血汩汩而流。

愣了半天，秦王政才大喝一声：

"来人呐，有人要刺杀寡人！"

几名侍卫闻声而至，伏地请罪道：

"我等失职，请大王饶命！"

秦王政挥了挥手：

"罢了，罢了！把这两个狗贼的尸体搬出去吧！"

那名太监说得对，秦王政可以杀一人，却杀不尽天下人。赵太后与相国吕不韦私通之事已渐渐传开，甚至有人在暗地里绘声绘色地讲述吕不韦、赵姬和庄襄王在赵国时的绯闻。人们纷纷说，秦王政并不是庄襄王之子，而是吕不韦的儿子。为谋求秦国的君位，吕不韦先让赵姬怀上身孕，然后又故意安排她与庄襄王相见，勾引庄襄王。后来，庄襄王娶了赵姬，但赵姬所生的赵政却非庄襄王之子。

那么，秦王政的亲生父亲到底是谁呢？关于这一点，历史学家们给出的观点也不一致，就连司马迁在《史记》中的记载都有自相矛盾之处。一部分史学家认为，秦王政确实是庄襄王之子；但也有一部分史学家认为，并不排除吕不韦是秦王政之父的可能性。

近年来，大部分史学家都倾向于认可前一观点，即庄襄王才是秦王政的亲生父亲。但历史真相到底是怎样的呢？由于缺乏可信的史料，这一点只能暂且存疑。

不过在当时，咸阳街头的传言给秦王政带来了不小的麻烦。如果真如传言所说，他的生身父亲是吕不韦的话，那么他手中的王权便失去了合法性。也就是说，他必须退位，将王位让给在血统上更加纯净的弟弟长安君成蛟。

此时的长安君成蛟已经十六七岁，不可能听不到街头巷尾的那些传言。这些传言对觊觎王位的成蛟而言是十分有利的。从此之后，成蛟便开始暗暗积蓄力量，等待良机，以便将秦王政从王位上拉下来，取而代之。

（三）

随着秦王政一天天地长大和秦国王室内部矛盾的显现，老谋深算的吕不韦也意识到了自身所面临的危险。深谙商道和政道的他深深懂得"人无远虑，必有近忧"的至理名言。他知道，秦王政不会不知道他与太后私通的事。秦王政可能是碍于脸面，也可能是实力不足，才暂时没有与自己撕破脸皮。一旦秦王政追究起来，他吕不韦岂有活命之理？想到这里，吕不韦便感到不寒而栗。

再者，吕不韦已不是当初那个家财万贯的商人了，他现在是堂堂大秦王朝的相国，再干那种偷偷摸摸的苟且之事也太有损颜面。当初他之所以进入后宫与太后私通，很大程度上是考虑政治需求，但政治需求与性命比起来就显得不足挂齿了。

想到这里，吕不韦便开始谋划摆脱赵太后的办法了。俗话说，"办法总比困难多"，深谙商道和政道的吕不韦当然明白这个道理。

一天傍晚，吕不韦到客房查看门客们编写的《吕氏春秋》。刚到堂前，他就听到一阵笑声从里面传来。

吕不韦推门而入，门客们止住笑声，转向吕不韦，深深一躬，纷纷问候：

"拜见相国。"

吕不韦一边挥手示意众人起身，一边笑着问道：

"有什么开心的事情，何不说出来让本相也开心开心？"

一位门客向吕不韦拱了拱手，说道：

"启禀相国，刚才小人在说近日京郊发生的一件趣事。"

"什么趣事？"吕不韦问道。

门客回答说：

"有一个名叫嫪毐的大阴人在京郊表演转动车轮的绝技。"

"大阴人？你可亲眼看到了？"

"小人不敢欺骗相国！"门客回答说。

正所谓"言者无心，听者有意"。吕不韦一听"大阴人嫪毐"，心中便产生了一个恶毒的计划。在回到相府之后，吕不韦立即着人去查询嫪毐的踪迹，希望将其纳入门下。

由于史书记载不详，现在已无法知晓嫪毐的出身与职业了。不过，从《史记》的记载推测，此人极有可能是一个市井无赖。堂堂大秦王朝的相国派人去找一个市井无赖自然是件再简单不过的事了。很快，嫪毐就成了吕不韦府上的一名食客。

在吕不韦的巧妙安排下，嫪毐不久就被安排到赵太后宫中。当然，前提是吕不韦假称嫪毐自愿净身入宫伺候赵太后，但事实上嫪毐并没有接受腐刑手术。

嫪毐入宫后，赵太后便整日与其私通，连政事也不大过问了。然而不久，太后居然有了身孕，这下子可急坏了嫪毐。太后寡居，嫪毐对外的身份是太监，一旦太后有孕的消息传出去，恐怕太后宫中的每个人都要丢了性命。

但是，赵太后跟随庄襄王和吕不韦多年，也不是一个无能之辈。她略一沉思，便想出一个计策来。

第二天，赵太后便请人占卜，诈称年内将有灾祸降临，太后不宜居住在咸阳宫中。于是，赵太后便派人禀明秦王政，称自己要到外地避灾。

秦王政怎么会怀疑自己的母亲呢？他毫不犹豫地同意了赵太后的要求，并派车驾将母亲送到秦国故都雍（今陕西省凤翔县）的大郑宫居住。

赵太后到大郑宫居住名为避灾，实际上是为了产下腹中的胎儿。转眼数月过去了，赵太后在雍顺利产下一子。孩子满月后，赵太后便返回了咸阳。

嫪毐知道自己有了儿子，高兴得手舞足蹈，不能自已。与吕不韦不同的是，嫪毐出身市井，而今又得到太后的宠爱，并与太后有了儿子，权力欲不禁膨胀起来。因此，他开始频频向赵太后提出各种要求。而赵太后因为与嫪毐有了儿子，对嫪毐自然也是满意的，所以也一再满足嫪毐的要求。嫪毐的权力急剧膨胀，门下的食客多达数千人，很快就达到了可与吕不韦相抗衡的地步。

公元前239年初，在赵太后的一手策划下，嫪毐被秦王政封为长信侯，并赐给山阳（今河南省焦作市山阳区附近），让他居住。不久，赵太后又把河西的太原郡封给嫪毐，作为他的封国。

此时，赵太后再度怀孕。于是，她与嫪毐故技重施，再度前往大郑宫居住。与上次不同的是，嫪毐此时已经掌握朝中大权，朝中大事皆由他定夺了。

秦王政本来就整日忧心不已，天天想着怎样除掉吕不韦。现在不仅吕不韦没有除掉，突然又多了一个嫪毐。而吕不韦也感到了来自嫪毐的威胁。当初，他把嫪毐献给太后不过是想借机脱身，没想到这个市井无赖居然在太后的宠幸之下，迅速攫取了朝中大权。更何况，没有受过什么教育，也没有什么政治头脑的嫪毐根本不知道如何治理国家。无论是对百姓，还是对朝中的大臣而言，嫪毐专权都不是什么好事。如果继续发展下去，他的专权只能以乱政收场。

然而，小人得志的嫪毐却不在乎这些。他依然不择手段、无休止地攫取权势，甚至变得目中无人、作威作福起来。有一次，嫪毐与秦王政的亲随饮酒作乐。喝着喝着，众人便都有了几分酒意。不知为何，嫪毐突然与一名大臣发生了口角。嫪毐借着酒意，大声斥骂道：

"我是秦王的'假父'，你竟敢跟我对抗，难道是活得不耐烦了吗？"

那名大臣自知不是嫪毐的对手，便悻悻地离开了。

不久，嫪毐自称为秦王"假父"的事情便传到了秦王政的耳朵里。所谓"假父"，用现在的话来说就是继父。嫪毐居然自称为自己的继父，秦王政怎能不震怒呢？于是他打定主意，一定要静候良机，一举铲除嫪毐。

第六章 平定叛乱

秦始皇，向来都说他是暴君，把他的好处一笔抹杀了，其实这是冤枉的。他对政治实在是抱有一种伟大的理想的。

——（近代）吕思勉

（一）

就在嫪毐专权乱政之时，成蛟也加快了夺权的步伐。他知道，秦国由赵太后、嫪毐和吕不韦掌政，利用和平手段将秦王政赶下王位的可能性不大。摆在他面前的只有一条路，就是联合东方诸国，武装暴动。武装暴动需要兵权，但当时只有秦王政和赵太后联合下谕方能调动部队。也就是说，他只有从秦王政和赵太后的手中骗得兵权后，才有可能实施他的夺权计划。

公元前239年，赵孝成王之子赵悼襄王（？—前236，前244年至前236年在位）派人策反上党郡，并诛杀秦国派去的官吏。消息传到咸阳后，秦国上下一片震怒，严惩赵国之声不绝于耳。吕不韦向秦王政建议，立即派兵伐赵，并荡平太原郡的叛军。

秦王政略一思考，便说道：

"寡人也有伐赵之心，那么仲父以为派谁为将最合适呢？寡人暂时还没有找出合适的人选。"

当时，秦昭襄王时期的大将白起、王陵、王龁等人已经去世多年，庄襄王之时的大将蒙骜也已病逝。放眼望去，整个朝堂之上已经找不出可领兵出征的将领。吕不韦沉思片晌，也没有找出合适人选。

在这种情况下，成蟜突然来到咸阳拜见秦王政和赵太后。出发之前，他已与近臣秘密商议了骗得兵权的计划，所以在朝堂之上，成蟜向秦王政深深一躬，朗声说道：

"自从王兄即位以来，四海升平，然而赵国却多次趁父王驾崩、王兄年幼之际挑拨太原郡谋反，损我大秦天威。如今距王兄亲政之日已经不远，臣弟愿亲率一支大军前往伐赵，以震我大秦天威。"

秦王政看了看成蟜，说道：

"长安君所言极是，寡人也有伐赵之心。只不过，此事事关重大，寡人还需再思量思量。"

成蟜请兵伐赵自然是符合秦王政心愿的，但他为什么没有马上答应呢？一方面，秦王政还没有亲政，这么重要的事情他还无法单独做出决定；其次，他必须时时防范弟弟们，尤其是长安君成蟜拥兵自重。成蟜既然有推翻秦王政的野心，自然不会是一个平庸之人。

当晚，秦王政便单独召见吕不韦，问他是否可以委成蟜以大任。吕不韦思量半晌，说道：

"如今朝中无将可用，与其任命那些平庸之辈为将，倒不如派长安君领兵伐赵，他确是王室之中最有能力的公子了。"

秦王政冷冷地盯着吕不韦，问道：

"为何这样说？"

吕不韦回答说：

"任命无能之将不但不能成就大事，反而易生祸患。长安君虽然年幼，但却有大将之才。"

秦王政转身面向秦国的地形图，沉默不语。吕不韦立即猜到了他的心思，低声说道：

"赵国疲弱，无需太多兵力。我大秦有精兵百万，拨给长安君10万士卒对大局不会有碍。"

"既然仲父决定了，那就这么办吧。明日我就禀明太后，任命成蛟为将，率部伐赵。"秦王政应允道。

一切准备停当之后，秦王政便在咸阳城外举行了盛大的阅兵和拜将仪式。在大校场上，10万精兵整齐地排列着，连一丝声息都没有，只有各色旗帜随风翻转时发出的"烈烈"之声。成蛟头戴铜盔，全身甲胄，站在秦王政的身边。

秦王政从仆从手中接过宝剑，向空中一指，士卒们齐声高呼：

"万岁！万岁！万岁！"

宝剑落下，"万岁"之声骤然而停。秦王政微笑着转向成蛟，把宝剑插入剑鞘，将其解下，递给成蛟。成蛟拜倒在地，双手接过宝剑，高高举在头顶。

随后，秦王政又转向大校场，大声宣布：

"将军此去，责任重大，特赐此剑，以示托付，国内自有寡人治之，国外之事皆凭将军定夺！"

（二）

阅兵式结束后，成蛟便率领着大军浩浩荡荡地出发了，秦王政亲自将成蛟送到灞桥长亭，以示重视。

但回到宫中之后，秦王政开始日日惴惴不安。半月之后，前线传来消息，说成蛟所部在屯留（今山西省屯留县）被赵军所围，形势十分危急。秦王政立即召集众臣，商议对策。

众臣刚到朝堂之上，秦王政便先发制人地问吕不韦：

"仲父，长安君在屯留被围，你可知道？"

"老臣正在谋划，准备营救长安君。"

"谋划？"秦王政大怒道，"你是怎样谋划的？"

近来，吕不韦已经敏锐地意识到，秦王政在向他施压，准备亲政了。不久前便有大臣向吕不韦提及，按照虚岁计算，秦王政已经年满20岁，该举行弱冠礼了。这让吕不韦深感不安，急忙召集门客商议对策。按照西周的礼制，男子20岁就要举行弱冠礼，即成人礼，这就意味着：在举行弱冠礼之后，秦王政就可以亲政了；这也意味着：吕不韦专权的时代就要结束了。

吕不韦的门客中不乏聪明之人，他们向吕不韦建议说：

"相国可以说，周礼男子二十而冠，乃是按照实足年龄计算的。按照实足年龄算，秦王只有19岁，尚不可行弱冠之礼。"

虽然秦王政举行弱冠之礼是迟早的事，但吕不韦也想能拖一年就拖一年，于是授意那些门客们引经据典力争，决议将秦王政的成人礼推迟一年。

事情最后闹到了秦王政那里，这让秦王政的内心充满了愤怒，但他却仍然微笑着说：

"先前多少年来，也许大家都错了，现在就照相国所议好了。"

大臣们以为秦王政软弱，都纷纷摇头叹息。实际上，秦王政并不是软弱，而是在等待良机。当时，他手中的力量还不足以和吕不韦相抗衡。

如今，秦王政抓住吕不韦救援不力的事实，准备向他发起进攻。吕不韦沉思半晌，回答说：

"老臣也是最近才接到报告，正要和太后商量，取得军符以便发兵。"

秦王政大声道：

"不必了！救兵如救火，岂能一拖再拖！寡人现在就宣布，马上集结大军，准备营救长安君。"

吕不韦力争道：

"大王，按我朝惯例，没有兵符不得集结大军。"

秦王政大喝道：

"相国暂时住口！东西是死的，人是活的。况且，军符本来就是由国君制定，交由将军使用的。寡人身为一国之君，亲自调动军队难道还需要军符吗？"

秦王政那尖锐的声音在朝堂之上久久回旋，像锥子一样直刺众人的耳膜。吕不韦还想说什么，张了张嘴，但终于什么也没说出来。

不久，秦王政便集结数十万大军直奔屯留而去。大军行至半路，前线便传来消息说，长安君成蛟已经率部降赵，准备组成所谓的秦赵联军攻打咸阳，诛杀"吕不韦父子"。赵悼襄王甚至将饶（今河北省饶阳县）分封给长安君。

消息传到咸阳之后，秦王政大吃一惊，喃喃地说：

"寡人担心的事到底还是发生了。"

第二天，秦王政便在朝堂之上宣布：

"相国救援不力，致使王弟长安君被迫归降赵国，本应闭门思过。寡人念及相国年老体衰，且是朝中股肱之臣，暂且免去责罚。"

吕不韦听罢，忙上前谢恩。

这时，秦王政又说道：

"王弟长安君成蛟不顾手足之情和君臣之义，公然叛秦降赵，必须予以责罚。大军之中凡是跟随王弟降赵者，一律杀无赦！迷途知返者，则既往不咎！"

秦王政公然训斥吕不韦，又口口声声称成蛟为王弟，旨在向众人宣告他是庄襄王的嫡子，手中的王权具有无可争辩的合法性。随后，秦王政又宣布，原先派去支援成蛟的大军立即改为讨逆之师，前去攻打成蛟所部。

成蛟手中只有10万军队，又与赵军周旋多日，再加上士卒的父母兄弟大多在秦国，根本不愿与秦王政为敌。所以，成蛟之乱很快就被平定了，成蛟也兵败自杀，其部下大多被斩首示众。

事件平息之后，秦王政为了向国人展示自己血统的纯正性，公开宣布：

"屯留之民实在可恨，三番五次叛乱。如果不是他们叛乱，寡人不会派王弟率部出征；如果王弟不率部出征，他也就不会被赵军所围，更不会做出不忠不义之事。寡人决定，将屯留之民全部迁于临洮（今甘肃省岷县），以防他们再生事端。"

（三）

在处理成蛟事件的过程中，秦王政达到了一石二鸟的目的，既消除了成蛟对他的潜在威胁，又很有分寸地削弱了吕不韦的威望。他的老练不但让东方六国的君主们大为惊恐，就连吕不韦也不得不开始谋划如何自保了。

但是，不知死活的嫪毐非但不收敛，反而更加肆无忌惮起来。由此，秦王政铲除嫪毐的决心也更加坚决。

恰在此时，关中地区普降暴雨，黄河泛滥成灾，成群结队涌入渭水的大鱼也多被洪水冲上平地。古代人都比较迷信，认为自然灾害是上天对人间的警示。为此，秦王政立即请主管天文的官员占卜，以确定吉凶。天文官算了一卦，立即伏在地上，大声说道：

"大王，不好了！"

"此卦主何事？"秦王政忙问道。

天文官回答说：

"启禀大王，鱼属阴类，象征百姓。如今大鱼逆流而上，预示着将有人不从王令而行，想要谋反。"

秦王政沉默片晌，朝天文官挥了挥手，示意他退下去。天文官退去之后，秦王政又把身边的侍从也一一打发走，然后独自一人去了书房。

面对着墙上的秦国地形图，秦王政默默站了良久。突然，他拔出悬挂在墙上的宝剑用力挥了出去，墙上的地形图瞬间被划为两段。秦王政突然跌坐在榻上，喃喃道：

"我列祖列宗创下的基业竟然要属于他人了吗？"

转眼间，寒冷的冬天来临了。秦王政依然在默默积蓄力量，筹划着对付嫪毐和吕不韦的计策。吕不韦不失为一代名相，他虽知道自己的地位不保，但依然尽心尽力地辅佐秦王政，为秦国一统天下的霸业操劳着。他禀明秦王政，集结数十万大军，筹措粮草，准备开春之后攻伐魏、赵两国。秦王政见吕不韦如此忠心，心里十分感动，但对他的厌恶之情并没有因此而减少。

公元前238年，即秦王政九年，秦王政已经21岁，吕不韦再也没有理由推迟秦王政的成人礼了。于是，举国上下都在为大王的弱冠之礼忙碌着。吕不韦也指挥大军攻占了魏国的王城魏垣（今山西省运城市垣曲县）和蒲阳（今山西省临汾市隰县），作为献给秦王政亲政的大礼。

就在此时，天文官急匆匆地赶到王宫向秦王政汇报：

"启禀大王，臣夜观天象，发现彗星的踪迹，此乃大凶之兆。"

"大凶之兆？主何事？"秦王政大惊。

"自古以来，彗星现都乃凶兆，恐有臣下密谋弑君。"

秦王政忽然想到嫪毐近日的举动，缓缓说道：

"天生异象，恐怕真的要出事了，寡人不得不防啊！从今日起，王公大臣们无诏不得入宫。"

众臣领命而去。随后，秦王政悄悄留下一名亲信，对他说：

"你去查查长信侯近日有何异动。"

那人领命而去，秘密查访了几日，发现嫪毐竟然在暗中勾结军队，准备发动政变。秦王政得知这些情况之后，大吃一惊。他知道嫪毐深得太后器重，但没想到嫪毐竟然会如此恃宠而骄，居然想要发动政变。他马上再次吩咐道：

"密切注意长信侯的动向，暂时不要打草惊蛇。"

秦王政的成人礼马上就要在故都雍举行了。自商鞅变法以来，秦国国都便迁到咸阳，但秦国的祖庙仍在故都雍，举行成人礼是必须要拜祭宗庙的。

此时，嫪毐与赵太后的第二个儿子已经出生。嫪毐向赵太后进谗，要太后立他们的儿子为王，而赵太后此时也正有此意，她说：

"如今秦宫中危机四伏，大王身处险境，恐难长命，去年长安君叛乱便是一个例子。一旦大王身故，我就立即立我们的孩子为秦王。"

赵太后虽然答应了嫪毐的无理要求，但嫪毐仍不满足，因为秦王政正值青春年少，而且颇有机谋，赵太后所说的情况虽然有可能发生，但几率却微乎其微。要想夺取王权，唯有趁秦王政到雍城举行成人礼之时发动政变，才有可能成功。

于是，嫪毐便在暗中密谋，还在咸阳各处安插自己的亲信，准备夺取秦国大权。

（四）

公元前238年4月，秦王政的车驾浩浩荡荡地从咸阳向雍城进发了。秦王政坐在车中，微闭双眼，似乎在想着什么事情。突然，一骑飞奔从队伍后面赶来，追上了秦王政的车驾，马上全副武装的将领大声说道：

"启禀大王，大王交代的事情，臣已经打探清楚了。"

秦王政马上命车驾就地停下，撩开车帘，轻声问道：

"昌平君，情况如何？"

昌平君熊启是楚国的公子，此时正在秦国为官。他靠近车帘，伏在秦王政的耳边轻声说道：

"长信侯并非宦者。在施腐刑之时，相国从中作梗，欺骗了天下人。"

秦王政脸色微变，轻声问道："此事当真？"

"臣不敢欺骗大王。臣已打探清楚，太后与长信侯秽乱宫中，并已生下两个孩子。现今，两个孩子都被藏在雍城的大郑宫中。长信侯与太后曾有密谋：一旦大王驾崩，便立长信侯与太后所生的儿子为秦王。"

秦王政听罢，心中充满了怒火，但表面上却不动声色，只是叮嘱昌平君道：

"你去吧，继续关注长信侯的动向。"

车驾继续出发了，但没走多远，又有一骑飞奔而来，这次来人向秦王政汇报说：

"启禀大王，兵马已经调动停当，只等大王下令了。"

"不急。敌不动，则我不动。"秦王政缓缓地说。

昌文君也是秦王政的亲信。由于年代久远，史料不详，现在已经无法得知他的姓名和生平。此时，他应该还没有被封为昌文君，但由于不知道他的姓名，这里只好暂且称他为昌文君。

昌文君离开后，秦王政的车驾继续向雍城进发。不久，秦王政的车驾就来到了雍城。在郊外的蕲年宫，秦王政的成年礼隆重举行。在吕不韦的主持下，秦王政行了弱冠之礼，腰间佩了宝剑，完成了成年仪式。这就意味着：秦王政要亲政了，太后、嫪毐和吕不韦都要交出他们以不同形式掌握的权力了。

就在秦王政的弱冠之礼将要结束之时，嫪毐在咸阳发动了兵变。他按照事先的密谋，矫借秦王的御玺及太后玺发兵作乱，征发县卒、卫卒、宫骑以及门客，浩浩荡荡地向雍城进发，准备将秦王政置于死地。

消息传来后，在雍城参加秦王政弱冠之礼的官员们顿时惊慌失措，不知如何是好。而秦王政却十分镇定，说道：

"众位爱卿不要慌张，我们只管在这里等候长信侯就好了。"

大臣们交头接耳，纷纷议论：

"大王到现在居然还这么镇定，难道他不知道大祸将至了吗？"

"大王让我们不要慌张，定然是已经有了安排。"

……

说的没错。按照秦王政的安排，昌平君和昌文君两人所率的兵马已经在半途等候嫪毐了。当嫪毐率领他的乌合之众即将抵达雍城时，昌平君和昌文君突然领兵将嫪毐的军队拦腰截断，分割包围。嫪毐本来就是一个市井无赖，根本没什么领兵的计谋。当他的军队被包围之后，他居然率先逃走了。随后，昌平君、昌文君一边斩杀叛乱之人，一边派兵追杀嫪毐。

秦王政的弱冠之礼刚刚结束，昌平君和昌文君便穿着沾满鲜血的戎装赶来复命。两人双双伏在地上，向秦王政请罪道：

"臣办事不力，虽诛杀了数百叛军，但嫪毐却率领数十骑逃出包围。请大王治罪！"

昌平君和昌文君两人说到这里，群臣中立刻发出一声惊叹。他们没有想到，秦王政小小年纪居然早已在背后安排好了一切。想到秦王政刚才镇定的表情，群臣们纷纷转向他，高声赞道：

"大王神机妙算，真是真龙天子啊！"

秦王政挥了挥手，示意群臣安静，然后亲自上前扶起昌平君和昌文君，对他们说：

"爱卿何罪之有？这是寡人的错啊！是寡人计划不周，才让嫪毐逃走。两位爱卿劳苦功高，应该重赏。"

秦王政当即宣布：昌平君、昌文君爵位升一级，所有参与镇压嫪毐叛乱的官兵、宦官等都拜爵一级。接着，他又下令：

"宣寡人的诏命，立即昭告天下，有生擒嫪毐者，赐钱百万；杀之者，赐钱50万。"

秦始皇晚年热衷于寻仙问道，求不死之药。显然，他的这一愿望是无法实现的。为了聊以自慰，他曾在渭水边上修建了兰池宫。据史籍记载，他命人引渭水为池，仿照传说中的蓬莱、方丈、瀛洲的样子，建造了三座"仙山"，还刻石为鲸。

第七章　仲父恩怨

（秦始皇）功如丘山，名传后世。

——（西汉）桑弘羊

（一）

正所谓"重赏之下必有勇夫"，在秦王政的重赏之下，逃亡在外的嫪毐很快就在好畤（今陕西省乾县东）被追兵所杀。跟随嫪毐叛乱的卫尉竭、内史肆、佐弋竭、中大夫令齐等20余人也都悉数被捕。

随后，秦王政立即下令灭嫪毐九族，其余叛乱的大臣一律公开施车裂之刑，并灭三族。嫪毐门下的食客罪责轻者没收家产，罚为鬼薪，专门为宗庙樵采；罪责重者削去爵位，流放蜀地。一时间，咸阳城中被罚者多达4000余家。

嫪毐之乱被镇压下去了，赵太后与吕不韦也惶惶不可终日。赵太后本来以为，自己身为一国之母，秦王政或许不会让家丑外扬的，但她低估了自己的儿子。嫪毐死后，秦王政亲自领兵来到雍城的大郑宫，命人诛杀了两个同母异父的弟弟，并责令赵太后终生住在大郑宫，不得返回咸阳。

杀弟迁母之后，秦王政又将目光转向了吕不韦。虽然整个事件是由太后与嫪毐私通造成的，但太后毕竟是秦王政的母亲，他不会将责任推到母亲的头上。那么，这个责任总得有个人来承担。这个承担的人，自然就是暗地里协助嫪毒进宫的吕不韦了。

对吕不韦，秦王政是又敬又恨。敬他，是因为他对自己和去世的父亲恩重如山，在秦国称霸之路上也劳苦功高；恨他，是因为他独掌大权多年，时时凌驾于自己之上，与太后有染，又与嫪毒一案有牵连。

到底该怎么处置吕不韦呢？如果杀了他，自然可以一解自己的心头之恨，但那样必定会让自己背上一个诛杀贤良的恶名；如果不杀他，王宫中的丑闻何时才能平息，自己又何时才能真正掌握大权？

经过千思万虑之后，秦王政决定暂且不问吕不韦的罪责，而是先除其左右手。

公元前238年的冬季，咸阳异常寒冷，不少贫民被冻死街头。秦王政一边命令官员收容那些无家可归者，一边继续铲除吕不韦的党羽。到公元前237年之时，吕不韦在朝中的心腹基本上已被清除干净了。这时，秦王政又想到了一个对付吕不韦的办法：免其相位，保其爵位，让他到洛阳的封地居住。如此一来，秦王政既不用背负诛杀贤良的恶名，吕不韦也无法再影响朝政了。

秋季的一天，秦王政召集众臣，商议罢免吕不韦相位之事。群臣都到齐了，吕不韦才心神不宁地来到大殿。

秦王政看了看吕不韦斑白的头发，轻声说道：

"自先王临朝到现在，相国主持国政已经14年有余。如今我大秦国势强盛，蒸蒸日上，相国真是劳苦功高啊！"

吕不韦颤巍巍地走上前，深深一躬，回答说：

"臣不敢居功！"

秦王政下殿走到吕不韦的跟前，用手轻抚了一下他的白发，感慨地说：

"这些年来，相国的头发也由黑变白了。相国何不回到封地去颐养天年呢？"

吕不韦一听这话，心里"咯噔"一下，暗暗叫道：

"这一天到底还是来了！"

吕不韦缓缓扫视了一下群臣，发现自己的心腹大多已经不在了。

当秦王政叫他"相国"之时，他便感到大事不妙。以往，不管是在人前，还是背后，秦王政都称呼他为仲父，而非相国。

朝堂之上出现了尴尬的沉默。过了半晌，秦王政才微微一笑，问道：

"相国在看什么？"

吕不韦深深一躬，答道：

"臣想跟老朋友们告个别，却发现这里已经没有多少熟面孔了。"

这时，秦王政大声说道：

"长信侯是相国的老朋友吧？嫪毐一案令我大秦颜面尽失，而你吕不韦也难辞其咎！念你这些年来对先王与寡人忠心耿耿，为我大秦立下了汗马功劳，寡人就不追究你的责任了。你去吧，回到封地安度晚年吧！"

吕不韦急忙伏在地上，悲凉地道：

"谢大王体恤，老臣即日即迁往洛阳居住。"

秦王政冷冷地说：

"去吧！寡人这几日身体多有不适，就不为相国送行了！"

吕不韦伏在地上不敢动，秦王政"哼"了一声，拂袖而去。

（二）

公元前237年深秋时节，吕不韦带着家人，乘坐数十辆马车，向着洛阳逶迤而去。昔日的门客纷纷到城外送行。吕不韦对众人拱了拱手，信心满满地说：

"诸位回去吧！吕某不久就会和大家再见的。"

此时在王宫之中，秦王政正面对着墙上的秦国地形图深思着。近十年来，虽然他没有亲政，但秦国的版图依然在一天天地扩大，新划入秦国版图的城池已经达近百座。而这些大多都是相国吕不韦的功劳。如今，吕不韦被赶到洛阳去了，秦王政的心里突然产生了一丝悲凉之感。

抛去功劳不谈，就私人情感而言，秦王政对吕不韦的离去也有一丝不舍。且不说吕不韦可能是自己的生身之父，单说他这些年来对自己的教育，也足以让自己心悦诚服地称他一声"仲父"了。但无论如何，吕不韦都留不得，哪怕他真的是自己的父亲。

秦王政所处的先秦时代有一个非常重要的道德和宗法准则，那就是在血缘上重视父统。所以秦王政只有认定庄襄王是自己的父亲，他手中的王权才具有合法性，他才有可能掌握国家的大权。

如果秦王政驱逐吕不韦是为了保住手中的王权，那么他将太后迁往大郑宫则纯粹是为了泄愤。先秦时期，人们十分重视父统，即人们只能继承父亲家族的权利和财产，而不能从母亲的家族继承任何东西。也就是说，赵太后无论是居住在咸阳，还是居住在大郑宫，对秦王政的王权都不存在威胁。

不过，当时的人在情感上十分崇尚母恩。春秋战国时期，王室成员为了争夺王位而弑父弑兄者有之，但绝无杀生身之母者。在儒家看来，"禽兽知母而不知有父"，杀母者简直连禽兽都不如。一旦出现杀母的情况，凶手不但无法在社会上立足，官方也会毫不犹豫地判处凶手"杀无赦"。

秦王政"徙母"一事显然触犯了这一道德原则。但母亲与吕不韦、嫪毐秽乱宫闱则是事实。且不说身为一国之母的太后做出如此不堪的事情会被天下人耻笑，她的行为也引发了秦国人对秦王政血统的怀疑。为了王权，为了尊严，他不得不这样做。但这样做又犯了大忌，

所谓"耳不听，心不烦"，他只希望人们不要在他面前提及这件事，以求自我镇静。于是，秦王政将太后幽禁在大郑宫之后，便下了一道严令：

"谁敢以太后之事相谏，杀无赦！"

出于对道德规范的维护，人们不可能站出来提这件事情。作为一国之君，秦王政做任何事情都应该为国人做表率。如果连他都不孝顺母亲的话，那百姓又会怎么做呢？于是，大臣们便不顾秦王政的严令，一个接一个地站出来，劝说他收回成命。

"大王，人们常说'百善孝为先'。大王身为一国之君，理应为国人做表率，原谅太后的过失，一如既往地孝敬太后……"

没等大臣说完，秦王政便大喝道：

"寡人已经下过命令，敢以太后之事相谏者，杀无赦！难道你不知道君无戏言的道理吗？来人呐，拖出去斩首！"

几名侍卫闻声而至，将那名大臣拖出宫去……

第一个大臣死了，马上又会有一个大臣站出来：

"大王，臣自知必死无疑，但仍要劝大王将太后迎回咸阳。正所谓'人非圣贤，孰能无过'……"

大臣的话还没说完，秦王政便怒睁双目，大喝道：

"侍卫何在？拖出去，斩，斩，斩……"

……

结果，秦王政一连杀了27个大臣。他甚至下令斩去27具尸首的四肢，将其堆在宫门边上，以警示天下人。

（三）

先秦时期的交通和通讯技术虽然落后，但信息传播得依然很快。各国都在其他国家设置了公开或秘密的信息站，这些信息站可以迅速地将一些重大信息传回国内。

秦王政一连杀了27名劝谏的大臣，这是何等的大事啊！东方六国诸侯、王公大臣和政客们很快就知道了秦王政诛杀大臣的原因和经过。

正当人们纷纷议论秦王政的残暴之时，有一个名叫茅焦的政客千里迢迢地从齐国来到咸阳，准备劝说秦王政迎回赵太后。

茅焦来至秦宫门前，伏在27名被杀大臣的尸骨边上，大哭道：

"臣齐客茅焦，愿上谏大王！"

侍卫和太监们立即将茅焦在宫门前伏尸大哭的事情报告给秦王政。秦王政大吃一惊：

"天下竟有这么多不怕死的人！你们去问问他想对寡人说什么。如果是为了太后的事情而来，就不用说了。"

太监们将秦王政的话传给茅焦。想不到，这茅焦却毫不避讳地回答说：

"臣正为此事而来。"

太监赶紧跑到殿上向秦王政汇报，秦王政勃然大怒，告诉太监说：

"你可以指着宫门前的尸体，告诉他那些人是怎么死的！"

太监再次来到宫门前，对茅焦说：

"你难道没有看见堆在你面前的尸体吗？难道你真的怕不死吗？"

茅焦回答说：

"我听说天上有28个星宿，如果降生在人间的话，都是正直的人。现在已经死了27个人了，还缺一个，就让我来补齐这个数字吧！自古以来，哪一个圣贤之人不是为天下人而死的，我有什么好怕的呢？"

太监把茅焦说的话报告给秦王政。秦王政一听，拔出腰间的宝剑，大声喝道：

"这个人是故意来羞辱我的。来人呐，立即在殿下架起大锅，我把这个人煮成汤汁，岂能让他全尸而死，凑满28星宿之数！"

侍卫和太监们领命而去，一通忙活之后，殿堂之下架起了一口大锅，里面装满了热油，下面燃着熊熊烈火。秦王政手握宝剑，怒气冲冲地说：

"把那个狂妄之人召来就烹吧！"

太监到宫门前去召茅焦。茅焦跟跟跄跄地跟在太监身后，故意放慢了脚步。太监催促他走快点。茅焦说：

"我见到大王就要死了，请你可怜可怜我吧！"

太监摇了摇头，叹息道：

"早知如此，你何必来送死呢？"

茅焦来到大殿的台阶下，立即伏在地上，向秦王政行了大礼。而后，他突然镇定自若地说：

"大王，臣听说长寿的人不忌讳谈论死亡，国君不忌讳谈论国家灭亡之事；人的寿命不会因为忌讳死亡而长久，国家也不会因为忌讳谈论亡国而保存。人的生死，国家的存亡，都是开明的君主最希望研究的，不知道大王是否愿意听？"

听到这里，秦王政胸中的怒气稍稍散去了一些，便问道：

"此话怎讲？"

茅焦回答说：

"忠臣不讲阿谀奉承的话，明君不做违背世俗的事。现在，大王有极其荒唐的行为，我如果不对大王讲明白，就是辜负了大王。"

秦王政挥了挥手，示意茅焦走上大殿，而后说道：

"你要说什么，就说出来吧！"

茅焦走入大殿，伏在地上，大声说：

"天下之所以尊敬秦国，并非仅仅因为秦国力量强大，还因为大王是英明的君主。而今，大王车裂了假父，是为不仁；杀死了两个弟弟，是为不友；将母亲囚禁在外，是为不孝；杀害进献忠言的大臣，则是夏桀、商纣的作为啊！如此的品德，如何让天下人信服呢？天下人听说之后，恐怕就不会再心向秦国了。我实在是为秦国担忧，为大王担忧啊！"

茅焦说完这些，便解开衣服，走出大殿，伏在大锅之旁等待受刑。秦王政听了茅焦这番话之后，深为震动，突然明白了自己一直都只顾泄愤，却未想到这些行为可能会影响秦国的统一大业。

顿悟之后，秦王政将宝剑插回鞘中，亲自走下大殿，扶起茅焦，真诚地说：

"先生请起，寡人赦你无罪，我愿意听从先生的教诲。"

茅焦站了起来，进一步劝谏说：

"以前来劝谏大王的，都是些忠臣，希望大王厚葬他们，别寒了天下忠臣的心。秦国如欲一统天下，大王更不能有迁徙母后的恶名。"

秦王政羞愧地说：

"如果不是先生，寡人看来真的要铸成大错了啊！"

于是，秦王政立即封茅焦为太傅，尊为上卿。而后，他亲自率领车队前往雍城的大郑宫，将赵太后迎回咸阳，仍安置在甘泉宫中居住。太后见秦王政亲自迎接自己回咸阳，也痛改前非，全心全意地帮助儿子管理王宫的杂事，以便秦王政能够有更多的精力去考虑统一天下的大事。

第八章 撤"逐客令"

搏取已扫地，翰飞尚凭凌。游将跨蓬莱，以海为丘陵。勒石颂功德，群臣助骄矜。

——（宋）王安石

（一）

秦王政迎回赵太后一事很快就在天下传开了，人们非但没有议论太后曾经的丑行，反而赞誉秦王政宽宏大量，有天子的雅量。吕不韦在洛阳也听说了这件事，他立即召集门客，商议复出之事。在他看来，秦王政能原谅太后，也就能原谅他。再说，有赵太后在宫中为他说情，定然可以达到事半功倍的效果。

在吕不韦的授意下，他原先的门客纷纷前往咸阳觐见秦王政，为吕不韦说情。秦王政表面上不说什么，但心里十分不快。门客们不远千里赶到咸阳，冒死为吕不韦说情，这说明吕不韦的势力依然很强大。初掌大权的秦王政怎么可能再让吕不韦的权势死灰复燃呢？

俗话说，"福无双至，祸不单行"，吕不韦倒台失势之后，他秉政时开凿的郑国渠也出了问题。当时，郑国渠已经修建了10年之久，但依然没有完工。秦国的监修官员迅速展开调查，以便查明工程进展缓慢的原因。很快他们就发现，郑国在主持修建工作时故意浪费人力、物力，延缓工程的进展。

监修官立即将此事汇报给秦王政，秦王政又立即派人调查郑国的底细。结果，郑国的韩国间谍身份便暴露了。秦王政大怒，要杀郑国。在殿堂之上，郑国申辩说：

"臣虽然是韩国派来的间谍，想借兴修水利工程之名消耗秦国的国力，使秦国不能东伐韩国，但大王可曾想过，水渠凿成，对秦国也是有利的。臣这样做，虽然可以为韩国延长几年寿命，可却能给秦国带来万世的功利。"

秦王政听了这话，怒气渐渐消了。他亲自走下殿来，扶起郑国，说道：

"爱卿说得有道理，寡人不会杀你的。你去吧，将水渠修成，不要再延误工期了。你一再延误工期，我数万百姓都要跟着受苦啊！"

郑国逃过一死，心里本来就存有感激之情，又见秦王政如此爱民，也就不再故意消耗秦国的国力，而是一心一意地修建郑国渠了。后来，水渠开凿成功，灌溉田地4万多顷，使关中之地没有了旱荒凶年，秦国果然获益无穷。人们为了感谢郑国，便将他负责修建的这个水渠取称为"郑国渠"。

郑国一案虽然结束了，但却再次牵连到吕不韦。当时，吕不韦的门客们正在咸阳四处游说，希望秦王政能重新启用吕不韦。郑国案一发，立即有人指出，当初正是吕不韦极力推荐郑国来主持兴修水利的。郑国是间谍，那么吕不韦就难辞其咎。甚至有人声称，吕不韦可能是卫国派来的间谍，因为他是卫国人，而不是秦国人。

自从秦孝公以来，把持秦国朝政，且对秦国贡献巨大的大臣多是从东方国家西入咸阳的。在秦孝公时期主持变法的商鞅来自卫国，秦昭襄王时期的名相范雎来自魏国，吕不韦也是卫国人。这些从东方国家西入咸阳的人在为秦国作出贡献的同时，也抢占了秦国官员升迁的机会。这些从其他诸侯国入秦为官的人被称为客卿，就是所谓的"其位为卿，而以客礼待之"。正因为如此，在秦国为官的客卿与秦国人的关系一直都十分紧张。所以只要一得机会，秦国人就会攻击或排斥从其他诸侯国来的人。

如今吕不韦失势了，郑国是韩国间谍的事也被揭发了，秦国人又得到了一次驱逐客卿的机会。因此，秦国的宗室大臣纷纷借机向秦王政进言：

"从东方国家西入咸阳为官的人，大多都是替他们的君主来游说离间秦国的，就像吕不韦、郑国之徒。恳请大王下达逐客令，将他们撵出秦国。"

当时，秦王政正在为吕不韦的事情发愁。吕不韦的门客众多，遍布朝野，一旦发生动乱，自己的王权与国家的安危都可能不保。如果下了逐客令，将吕不韦等人赶出秦国，这些潜在的威胁也就不存在了。再加上为表示自己血统的纯正性，秦王政要对秦人有所亲近，因此他很快就同意了驱逐客卿的意见，下了一道"逐客令"。一时间，从东方国家西入咸阳为官、经商的人纷纷卷起铺盖，往东而去。

（二）

"逐客令"对秦国的统一大业是十分不利的。首先，客卿中有一大批有才能的人士，如茅焦、李斯等人；其次，"逐客令"会降低东方六国的百姓对秦国的认同感。

当时，列国林立，战乱仍频，百姓的生活困苦不堪。有远见的人早已意识到，唯有消灭列国林立的局面，才能一劳永逸地避免战争。而作为战国七雄中唯一的超级大国，秦国自然最有机会统一天下，从而结束连年的战争。因此，即使是东方六国的百姓，也有不少人希望能够天下统一。而如今，秦王政驱逐客卿，东方六国的百姓对秦国的认同感自然而然也就降低了。

在秦国为官的楚国人李斯就敏锐地意识到了这一点。在秦王政刚下"逐客令"之时，他便极力反对。但是，秦国宗室不可能坐视不理。他们纷纷向秦王政进言，贬低李斯：

"李斯身为客卿，自然不希望大王下逐客令。他反对大王驱逐客卿，不过是为了保住自己的地位罢了。"

李斯是楚国上蔡（今河南省上蔡县西南）人，出身低微，但颇有志向。青年时期，他曾不远千里前往齐国，拜一代名儒荀子为师，学习王霸之术。学成之后，李斯反复思考应该到哪个国家去谋求发展。经过对各国情况的分析和比较，他认为楚王无所作为，其他各国也都在走下坡路，只有秦国如日中天，蒸蒸日上。于是，他便决定到秦国发展。

在临行之前，荀子问李斯为什么要到秦国去，李斯回答说：

"干事业都有一个时机问题，现在各国都在争雄，这正是立功成名的好机会。秦国雄心勃勃，想奋力一统天下，到那里可以大干一场。人生在世，卑贱是最大的耻辱，穷困是莫大的悲哀。一个人总处于卑贱穷困的地位，那是会令人讥笑的。不爱名利，无所作为，并不是读书人的想法。所以，我要到秦国去。"

李斯来到秦国时，正是吕不韦独掌大权之时，因此他就投靠了吕不韦，成为吕氏门下的一名食客。后来，在吕不韦的推荐下，他被秦王政提拔为客卿。秦王政下达"逐客令"之后，一心追求个人名利的李斯仰天长叹，喟然道：

"想不到我李某如此命薄，生不逢时啊！"

秦王政听信了秦国宗室的谗言，不但没有理会李斯的劝谏，反而更加坚定了逐客的决心。李斯无奈，只好和众多客居秦国的官员一样，卷起铺盖回老家去了。

在回家的途中，李斯越想越不甘心。他在秦国为官近十年，手中的权力越来越大，如今竟然因为秦王政的一纸"逐客令"而化为乌有。想着想着，他提笔给秦王政写了一份奏折，令人火速送到咸阳宫中。

这份奏折就是著名的《谏逐客书》。在《谏逐客书》中，李斯开宗明义地说：

> 秦下逐客令是错误的举措。从前，秦穆公求纳四方贤士……秦孝公用商鞅实行变法，使秦国得到治理，富强起来，所以赢得了诸侯的亲近和服从；秦惠王采用张仪的计谋，拆散六国的合纵联盟，使诸侯们来服侍秦国；秦昭王得到范雎，使公室强盛，抑制了私家势力。这4个人都是以客人来为秦国建立功业的。由此看来，客人对秦国有什么亏负呢？……

在热情地赞颂了客卿为秦国发展所做的贡献之后，李斯又阐述了君王所应坚持的用人之道：

> 臣听说，土地广阔的粮食充足，国家强大的人口众多，军队强盛的士兵勇敢。泰山不嫌弃泥土，所以成就了它的伟大；河海不挑剔细流，所以成就了它的深广；君王不拒绝众民，所以宣扬了他的德行。
>
> 因此，土地不分四方，人民不分国别，四季充实美好，鬼神都来降福，这就是五帝三王无敌于天下的原因啊。现在，秦却抛弃百姓以资助敌国，排斥宾客而使他们帮助别国诸侯，使天下的贤士退缩而不敢向西，停步不进秦国，这真是所谓"借武器给敌人，送粮食给强盗"！

最后，李斯又写道：

> 物品不产于秦国而可爱的，很多很多；贤士不生在秦国而愿效忠的，也有很多。如今驱逐客卿以帮助敌国，减损百姓而增加仇人

的力量，内使自己空虚，外与诸侯结怨，这样下去，要想国家没有危险，那是不可能的啊！

李斯的《谏逐客书》是一篇论理充分、举例详明的文章，读起来既脍炙人口，又让人信服，不容秦王政不回心转意。秦王政出生在邯郸，童年也是在邯郸度过的，归秦后又是在吕不韦的辅佐下长大成人，因此，他的胸中并没有大部分秦国人的那种排外意识，他想的是天下都能在他手里才好呢！之所以同意下逐客令，主要是因为对吕不韦有所疑惧，怕吕不韦的宾客党羽危害秦国和他个人的利益。

李斯原本也是吕不韦的门客，但秦王政见李斯在《谏逐客书》中丝毫没有提及吕不韦，心中的疑虑渐渐消释，因此马上下令撤消了"逐客令"。然后又派人快马加鞭追回李斯，让其官复原职。从此，李斯成了秦王政的肱股之臣，秦王政也将秦国的大权牢牢控制在自己的手里。雄心勃勃的秦王政准备继续向东方六国用兵，统一天下。

（三）

到秦王政亲政之时，秦国一统天下的历史条件已经基本具备了。此时，各诸侯国的经济联系日益紧密，并有逐步走向一体的迹象；各国人心思变，也盼望着天下一统。更为重要的是，作为统一天下的主体，秦国兵强马壮，国富民强；而掌握着这个强大王国命运的秦王政更是野心勃勃，伺机而动。

对东方六国用兵需要将才，也需要帅才。秦王政亲政不久，朝中大臣或为吕不韦的旧属，或者缺乏真才实干，可以为其所用的并不多。因此，接下来最重要的事情就是多招纳一些像茅焦、李斯这样的贤才。不少影视剧作品都将秦王政塑造成一个具有雄才大略、同时又性格暴虐之人，这大概是符合历史事实的。从秦王政亲政以来，无论是忠臣，还是像嫪毐一样的叛臣，死在他手上的相当多。在这种情况下，谁还敢到秦国为官呢？

然而，历史上从来就不缺乏勇敢而又自信之人，魏国人尉缭便是一个这样的人。秦王政撤销逐客令后不久，他就来到咸阳。由于年代久远，史书记载不详，现已无法知晓尉缭来到咸阳之前的事迹了，甚至连他的姓氏也无从考察，只知道他的名字叫缭。由于他后来做了秦国的国尉，所以人们就称他为尉缭。

尉缭来秦国的目的，无非也是认准了秦国必然要一统天下的趋势，到这里来施展平生所学，一逞抱负的。所以他初谒秦王，便打算向秦王政进献统一天下的策略性见解。秦王政坐在大殿之上，尉缭伏在殿下。秦王政审视尉缭良久，终于开口道：

"先生从魏国来到我秦国，有什么要教导寡人的吗？"

尉缭抬起头，朗声说道：

"臣不敢教导大王！臣从魏国来到咸阳，只不过是想向大王说一说天下的形势。"

秦王政一脸冷峻，说道：

"既然如此，不妨说说看。"

尉缭大声说：

"臣窃以为，天下的形势对秦国十分有利。同秦国比较，东方各国疲弱，其国君就如同秦国的郡守县令一般。因此，任何一个诸侯都无法单独同秦国抗衡，那样做无异于以卵击石。但是，我担心东方六国会再次结成联盟，合纵击秦，历史上的智伯、夫差、闵王便是这样被击败的。"

作为一国之君，秦王政对这些历史事件是非常熟悉的。春秋后期，晋国出现了赵、魏、韩、智氏、范氏、中行氏"六卿执政"的局面。后来，智氏的智伯控制了晋国朝政，他便联合韩和魏攻赵，把赵简子围困在晋阳一年多。

赵简子秘密派人去策反韩、魏。韩、魏两家担心智伯消灭赵氏之后，一家独大，会转而对付他们，遂与赵氏联盟，反过来灭了智氏。智氏灭亡之后，韩、赵、魏三家便瓜分了晋国之地，分别发展为后来的韩国、赵国和魏国。

春秋时期的吴王夫差曾称霸一时，后来，各国诸侯结成联盟，一举击败了他，最终被越国的勾践所灭。齐闵王的事例距离秦王政不远。齐闵王曾同秦王政的太祖父秦昭襄王结成同盟，欲共同伐赵，并分别称东帝和西帝。

当时，齐国的实力非常强大，是东方六国中唯一一个可以跟秦国抗衡的国家。齐闵王灭宋之后，实力进一步增强，直接威胁到燕、韩、赵、魏的利益，秦国也担心齐国一国独大。于是，五国为了各自的利益，迅速结成同盟，由燕国名将乐毅统帅，直奔齐国都城而去。结果，齐国都城临淄（今山东省淄博市临淄区）被攻破，齐闵王被杀，强大的齐国从此一蹶不振。

尉缭的观点十分正确。单独一国诸侯并不可怕，但他们一旦联合起来，就将成为一股强大的力量。历史上，秦国就曾多次遭到东方六国的合纵进攻，遭受到重大损失。所以，如何避免合纵形势的形成，是一个关乎秦国能否统一天下的重大问题。

（四）

秦王政坐在大殿之上，非常认真地听尉缭阐述他的意见，尉缭的每一句话都说进了他的心坎。听着听着，秦王政站起来亲自走到殿下，扶起尉缭，诚恳地说：

"先生有什么好办法，请教给寡人吧！"

尉缭起身，恭敬地对秦王政说：

"方法倒很简单，就看大王舍不舍得花费了。"

"只要用得其所，有什么舍不得的呢？"

尉缭向秦王政深深一躬，朗声道：

"恭喜大王，大事可成矣！臣以为，只要大王派人携带重金前往东方六国，结交其朝中豪臣，祸乱他们的智谋，挑拨六国的关系，便可成就大事。如此一来，花费不过30万黄金，但六国诸侯便可破矣！"

秦王政听完尉缭的建议，大喜道：

"好，好！此计虽然简单，但定会十分奏效！"

当晚，秦王政便将尉缭留在宫中，彻夜与他交谈。他很快发现，尉缭不但是一个出色的智谋家，还是一个杰出的军事战略家，对用兵之道颇有研究。秦国不乏身先士卒、勇冠三军的将才，但所缺的正是尉缭这样满腹韬略、运筹帷幄的军事领袖。在统一决战即将全面爆发之际，尉缭的到来无疑大大增强了秦国制定正确军事战略的实力。

秦王政对尉缭佩服得五体投地，坚持以平等之礼相待，经常与其同食同寝。每当有尉缭在场，秦王政都不再穿着象征王者身份的服饰，而是按照尉缭的身份，和他穿一样的衣服。

秦王政这种求贤若渴的表现可吓坏了尉缭。当时，社会等级森严，人们的衣食住行等一切一切都必须与自己的身份相符合。如果有人胆敢僭越，自然属大逆不道；但如果有人过分谦恭，自然也会让人心生疑惧。

尉缭离开王宫之后，心里就像揣了只兔子一样，"咚咚"直跳。在与秦王政相处的几天里，他发现秦王政的相貌与常人不同。他长着一个高高的鼻梁，一双长长的眼睛，胸部像鸷鸟一样高高隆起，说话的声音简直就像豺狼的叫声一般。综合这副相貌和秦王的言谈举止，尉缭认为，秦王政为人"少恩而虎狼心，居约易出人下，得志亦轻食人"，用现在的话来说，就是认为秦王政有一颗像虎狼一样的心，缺乏感恩之情。当他身处不利之境或有求于人时，他会忍辱负重，做出一副甘为人下的姿态；一旦他达到了自己的目的，他很有可能会随随便便地杀掉一个人。

对此，尉缭叹息着说：

"我只不过是一介布衣，秦王见我时表现得过于谦卑，这些都是不正常的。一旦他将来统一天下，恐怕天下人都要成为他的奴隶了！这样的人，怎么能与他长久相处呢？"

尉缭越想越怕，连夜逃出了咸阳，直奔魏国而去。

第二天，秦王政越想尉缭的话越觉得有道理，便意犹未尽地派太监去请尉缭。太监来到尉缭的寓所，只见房里空空荡荡，尉缭早就不见了踪影。

太监急忙跑回王宫，向秦王政禀报此事。秦王政大怒道：

"这小子居然敢辜负我的一片信任！给我马上出城去追，一定要将尉缭给我追回来！"

几名军士领命而去。他们刚走出宫门，秦王政的贴身太监便追了出来，大声道：

"大王嘱咐，万万不能伤害尉缭先生。"

傍晚时分，尉缭被几名军士架回王宫。秦王政整整在大殿上等了一天，他太害怕失去尉缭了。见到尉缭安然无恙地回来，他急忙跑下殿来，握住尉缭的双手，急切地说：

"先生为何要走呢？难道寡人有什么地方做得不好吗？"

尉缭忙道：

"启禀大王，臣不敢逃走。这些天，我在城里住着太闷了，就随便出城走走。"

秦王政知道尉缭说的是假话，但还是假装相信的样子：

"原来如此！寡人已经下令，任命先生为国尉，主管我大秦的军事。望先生尽力辅佐寡人，以便尽早安定天下。"

第九章　伐赵雪耻

明断自天启，大略驾群才。　收兵铸金人，函谷正东开。

——（唐）李白

（一）

　　尉缭当了秦王政的国尉，自知无法离开秦国，此后只能小心翼翼地为秦王政出谋划策，制定攻伐六国的战略方针。此时，秦王政的身边，文有李斯，武有尉缭，朝中将才济济，因此，秦王政雄心勃勃，准备发动统一之战了。

　　他先根据尉缭的建议，派姚贾等人怀揣金银珠宝，分道前往东方六国，千方百计去贿赂收买那些身居高位的显贵"豪臣"，离间他们的君臣关系，破坏六国之间的合纵。很快，东方六国的君臣之间及各诸侯之间就产生了矛盾，彼此互相猜忌，再也无法结成联盟了。

　　秦王政见用兵的时机已经成熟，便召集李斯、尉缭等人商议进军计划。李斯说：

　　"东方六国之中以韩国最为弱小，而且紧邻我大秦。如果能一举攻下韩国，不但能巩固我大秦的霸主地位，还可以威吓其他诸侯。"

　　尉缭点了点头，在一旁附和说：

　　"李大人的见解与在下相同。只不过，自昭襄王驾崩起，韩国已经向我大秦称臣，两国近年来也没什么纠纷，如今突然用兵，恐怕师出无名啊！"

秦王政眼睛盯着挂在墙上的秦国地形图，缓缓说道：

"两位爱卿所言都十分有理。那么，依两位之见，寡人现在该怎么办呢？"

李斯向前一步，回答说：

"大王，既然韩王向大王称臣，何不派一位使者前去招降韩国？"

秦王政面露难色，沉默片晌才说：

"只怕不容易吧，韩王怎么会轻易将他的江山交给寡人呢？"

这时尉缭说道：

"大王，如若韩国不降，我大秦便有向它用兵的理由了！"

李斯似乎突然想到了什么，大声道：

"不妙！"

秦王政惊问道：

"什么事不妙？"

李斯向秦王政深深一躬，回答说：

"臣跟随荀卿先生学习之时，韩国公子韩非也在先生处学习。此人满腹韬略，不易对付啊！"

秦王政忙问道：

"与爱卿相比，那韩非的用兵韬略如何？"

李斯诚实地回答说：

"在臣之上。"

秦王政沉思半晌，说道：

"如此说来，寡人更应该对韩国用兵了。无论如何，寡人都要见见韩非。如此奇才，放在韩王手里实在是太浪费了。"

韩非是韩国王室的成员，曾同李斯一起向荀子学习王霸之术，不过他更喜欢"刑名法术之学"，并下了很大的功夫去钻研法家的学说。他在各方面的造诣均比李斯高一筹，李斯十分嫉妒他。

两人在学满出师后，李斯来到秦国，韩非则回到韩国。韩非亲见自己的祖国积贫积弱，日益沉沦，外有强秦虎视，内有悍臣弄权，亡国之危已迫在眉睫，内心十分忧愤。他多次上书给韩王安（？—前226，前238年至前230年在位），针砭时弊，陈述自己的政治主张。然而，庸懦无能的韩王不识人才，根本不理睬韩非的主张。韩非满腔爱国热忱被冷落，又因口吃，不善言谈，只能将一腔忧愤倾注于笔端，埋头著述。

不久，韩非的著作便流传到秦国。李斯读到他的《孤愤》《五蠹》等政论文时，不禁冷汗直出，惶惶然不知所措。韩非的笔墨犹如利刃，堪比数万大军。如果韩王采纳了他的政治主张，秦国灭韩之日将遥遥无期。

与秦王政讨论了韩非的才华之后，李斯便把《孤愤》《五蠹》等文送给秦王政阅读。秦王政读完，不禁拍案称奇，感慨道：

"奇才！真乃奇才！寡人如能得见此人，死也无憾了！"

韩非集法家之大成，主张以法治国，以重刑惩治冒犯君主威严之人。除此之外，他还十分重视权术对治理国家的重要性。他的这些思想在当时的社会条件下，对政治体制的变革实践起到了很大的指导作用。在中国漫长的封建社会里，君主统治天下所用的基本都是韩非的这套理论。可以说，他的这套思想在一定程度上明确和固定了社会各等级的权利与义务，维护了国家的统一。

不过，这种绝对专制的政治理论同时也桎梏了人性，极大地束缚了中华民族的创造力，成为社会进步的严重障碍。

但不论如何，韩非的这些理论在当时都是具有进步意义的。更重要的是，他的这些思想与秦王政的执政理念不谋而合，得到了秦王政的认可。

（二）

秦王政十一年，即公元前236年，秦王政命王翦、桓齮、杨端和为将，领兵直奔赵国的军事重镇邺城（今河北省临漳县西南）。这三人都是秦王政收拢的大将，其中以王翦一生的功劳最大。

王翦是秦国频阳东乡（今陕西省富平县东北）人，少有壮志，不但有万夫不当之勇，且熟读兵法，颇有机谋。桓齮和杨端和两人出身均不详，何时开始跟随秦王政也无法考证。有历史学家认为，桓齮就是樊於期。这种说法的影响力很大，这里暂且采信桓齮即是樊於期的说法。至于杨端和，他只是在历史上留下一个名字而已。

在三位大将的联合指挥下，秦军迅速攻破邺城，并连续取得9座城池。而后，秦王政命王翦为主将，桓齮与杨端和为副将，全权处理伐赵之役。王翦决定以得胜之师进攻赵国的另一座军事重镇阏与。

可以说阏与是秦军的伤心之地。公元前270年，赵国名将赵奢就曾率部在此击败了强大的秦军，而秦王政的祖父秦孝文王也是在此战之后入邯郸为质的。

王翦决定在此一雪前耻，重振秦军的士气。王翦不愧为一代名将，他率部向阏与进发的途中突然停止进军，命令俸禄不满一斗粮食的士兵全部返回家乡，只从原先的军队中挑选出五分之一的忠勇之士，全力进攻阏与。结果，这支士气高昂的精锐部队不但顺利攻下阏与，同时还攻取了安阳（今河南省安阳市）等城池。

赵悼襄王闻讯后大惊，竟然一病不起，不久就驾崩了，其子赵迁继位为王，史称赵幽缪王（生卒年不详，前235年至前228年在位）。

秦军在前线取胜的消息接连不断地传到咸阳，秦王政大喜，在宫中大宴百官。远在洛阳的吕不韦也在此时再次活跃起来。一天，吕不韦秘密召见了几名门客，对他们说：

"如今大王挥军东进，正是用人之际，我这把老骨头说不定还能派上用场。"

一名门客恭维说：

"老相国所言极是，朝中的那帮小毛头怎能与老相国相比呢？我想，大王现在一定十分思念老相国。"

另外一名门客也附和着说：

"如果我等现在向大王进谏，大王一定会重新启用相国的。"

吕不韦笑而不语，默认了两位门客的建议。

半月之后，咸阳宫突然热闹起来，吕不韦原先的门客纷纷入宫觐见秦王政，劝说他重新启用吕不韦。对于这种情形，秦王政大怒，喝道：

"难道你们以为寡人离开了文信侯就无法完成一统天下的大业吗？"

吕不韦这次猜错了秦王政的心思。秦王政好不容易才摆脱太后、嫪毐和吕不韦把持朝政的局面，怎么会再次让吕不韦入朝为官呢？如今，嫪毐已死，赵太后也不再过问朝中之事，唯有吕不韦还蠢蠢欲动，这让秦王政很不放心。

左思右想之后，秦王政提笔给吕不韦写了一封信。信很短，只有22个字，但这22个字却像22把尖刀一样，将吕不韦刺得遍体鳞伤。秦王政在信中说：

"君何功于秦，封君河南，食十万户？君何亲于秦，号称仲父？"

吕不韦接到秦王政的这封信，心中仅存的幻想瞬间便被击碎了。他就像一只斗败的公鸡一样，耷拉着头，蜷缩在角落里，暗暗垂泪。他无论如何也想不通，自己"立国"的政治投资为什么会在"利润"达到顶峰之时突然"破产"了呢？他更想不通，秦王政为什么会如此绝情，竟连自己想为秦国出最后一份力的请求也拒绝呢？

正所谓"当局者迷，旁观者清"，吕不韦想不通，秦王政周围的人却看得一清二楚。这其中最主要的原因，就是吕不韦威胁到了秦王政手中的王权。

吕不韦正在洛阳闷闷不乐之时，秦王政又下达了一道诏命，命令吕不韦及其家属全部迁居蜀地。蜀地就是今天的四川一带。现在的蜀地虽然被誉为"天府之国"，但在先秦时期还是荒草丛生、瘟疫盛行的蛮荒之地。只有那些犯了罪的人，才会被送到那里居住。

秦王政的这道诏命彻底击碎了吕不韦的信念。吕不韦喃喃地说：

"大王步步紧逼，是不想给老朽留下生路啊！如今迁居蜀地是死，不迁居也是死，何不死得体面些呢？"

于是，吕不韦召集家人和门客，嘱咐他们不要与秦王政作对，而后便喝下事先准备好的毒酒安然就死。

吕不韦死后，他门下的数千食客纷纷赶赴洛阳，偷偷将他葬在北芒山。参加送葬的人很多，场面十分浩大，这说明吕不韦还是很得人心的。同时也从侧面说明，吕不韦与秦王政之争实际上是一场权力之争，无所谓正义或邪恶。

秦王政闻知此事后，勃然大怒，认为那些给吕不韦送葬之人是向自己示威，便下令惩罚那些在吕不韦墓前落泪之人，吕不韦的数千门客因此都受到了牵连。那些从韩、赵、魏三国投奔吕不韦的人也全部被驱逐出秦国；俸禄500担以上的官员一律削爵，迁徙他处；俸禄在500担以下且没有参加吕不韦葬礼的人，不削爵，但要迁往他处为官。

自此，吕不韦在秦国的残余势力被彻底肃清，秦王政终于可以按照自己的思想主张治理天下了。

（三）

吕不韦死后，秦王政才得以从政治斗争中抽身而出，全力思考攻伐东方六国之事。秦王政十二年，即公元前235年，秦王政任命桓齮为将，令其继续攻打赵国。桓齮受命，领兵直奔赵国军事重镇平阳（今河北省临漳县西）而去。刚刚正式登基不久的赵幽缪王立即派大将扈辄领兵十万去救平阳。桓齮佯装退却，并在撤退的途中布置了埋伏。

扈辄是一个没有什么指挥才能，但却十分自负之人。他见桓齮退却，立即上书给赵幽缪王称：

"秦国不足虑！有我扈辄在，别说一个桓齮，就是王翦、桓齮和杨端和一起领兵打过来，也都让他们有来无回。臣领十万大军，尚未到平阳，桓齮就望风而逃了！"

扈辄根本没有派兵打探虚实，就命十万大军悉数出动，全力追击桓齮。结果，赵军在平阳以西遭到了秦军的伏击，全军覆没，扈辄也兵败身死。

消息传到邯郸之后，赵幽缪王大吃一惊，连声道：

"扈辄误我！扈辄误我！"

而此时，秦王政却在咸阳笑得合不拢嘴了，他连声称赞桓齮：

"桓齮将军真是寡人的一员福将啊！赵国人在羞辱寡人之时，恐怕没有想到他们也会有今天吧？哈哈，这还远远不够，赵国人加在寡人身上的耻辱，寡人要加倍还给他们！"

秦军大获全胜，举国上下自然高兴万分，但秦王政的笑声却让满朝文武大臣不寒而栗。虽然不能说秦王政屡屡对赵用兵完全是为了报当年之仇，但其中必然有报仇的成分。否则，他应该按照尉缭和李斯的建议先灭韩国，然后再对魏、赵两国用兵。

一天，秦王政突然召集众臣，宣布说：

"桓齮将军横扫赵国十万大军，寡人实在高兴之至，因此决定亲自到河南之地去看一看。"

秦王政所说的河南并不是今天的河南省，而是指黄河以南的广大地区，与今天河南省所在的位置大体相当。秦王政此话一出，立即有大臣站出来反对：

"大王，河南之地大部分还在韩、赵、魏三国的控制之下，大王贸然前往定然十分凶险，请大王三思！"

秦王政大笑道：

"寡人难道会害怕韩、赵、魏三国的流寇吗？寡人的桓齮大将军与数万士兵正在前线浴血奋战，寡人不能不去看看他们。寡人心意已决，众爱卿不必再说什么了。"

众臣明白，秦王政一旦下定决心，是没人能改变他的决定的。几天后，秦王政的车架就浩浩荡荡地向东而去。数万兵将簇拥着秦王政的马车，保护他的安全。韩、赵、魏三国的百姓听说秦王东巡，夹道欢迎者有之，想要谋杀他的人亦有之。不过，在数万大军的保护下，想要谋杀秦王政几乎是不可能的事情。因此，他只看到了那些夹道欢迎的百姓。

这是秦王政回到咸阳之后第一次离开秦国的领土，也是他第一次亲临战场。当他来到战场之时，桓齮早已将数万士卒列成方阵等待秦王的检阅了。秦王政走到方阵前，拔出腰间的宝剑，向天空一指，数万士兵都齐声喊道：

"万岁！万岁！万岁！"

秦王政猛地收回宝剑，欢呼之声戛然而止，检阅场如同旷野一般安静。秦王政高声说道：

"大家此次东征既是为寡人打天下，也是为你们自己争取功名。如今，大家已经征战数月，赵国也已经筋疲力尽，寡人希望大家一鼓作气，直奔邯郸，活捉赵王！"

桓齮随即便高声附和道：

"活捉赵王！"

士兵们也立即齐声高呼：

"活捉赵王，活捉赵王！"

秦王政此次东巡意义重大。秦国数万士卒见到秦王政后，都备受鼓舞，作战也更加卖力，这也加速了秦国一统天下的步伐。而秦王政自己也更加坚定了一统天下的决心，因为一路上韩、赵、魏三国秀丽的江山给他留下了深刻的印象。

第十章　痛失韩非

秦王扫六合，虎视何雄哉！挥剑决浮云，诸侯尽西来。

——（唐）李白

（一）

秦王政从前线回到咸阳不久，李斯便急匆匆地入宫觐见。向秦王政深深一躬后，李斯说道：

"臣听说韩王正在与韩非商议削弱秦国的方法。韩非足智多谋，大王不得不提前筹划应对之法啊！"

秦王政沉思片刻，说道：

"爱卿所言极是，只是我们并不知道韩非将用什么计策，你让寡人如何防范呢？"

李斯建议说：

"以不变应万变，请韩非入秦，为大王所用。"

秦王政是何等聪明之人！他听李斯如此一说，恍然大悟：

"好，好，这是个好办法！可是，只怕韩安那小子不会放韩非入秦啊！"

李斯分析说：

"对韩王来说，韩非不过是一介书生，根本没有什么用处。即便韩国再多几个韩非，也不过是多苟延残喘几日罢了。如果大王向韩王索要韩非，他定然会答应的。若他不答应，大王便可名正言顺地向韩国用兵了。"

秦王政听完李斯的分析，猛地从榻上站起来，大声说道：

"好！就依你之计，寡人即刻派人向韩安索要韩非。"

不久，秦王政派出的使者便抵达韩国都城新政（今河南省新政市），韩王安亲自出迎。当秦王政的使者说明来意之后，韩王安惊慌失措地回答说："大王派遣使来请韩非，臣不敢不同意，只是不知道那韩非同不同意。待臣好生劝说韩非之后，再向遣使回复，请遣使耐心等待几天。"

说完，韩王安便命人将秦王政的使者领去休息，而他自己则火速召韩非入宫。韩非刚刚得到韩王安的重用，正是意气风发之时，因此在听完韩王的介绍后，他忧心忡忡地说：

"秦王派来的奸细在东方各国活动，弄得各国之间互相猜疑，矛盾重重，业已无法再组成合纵之势。在秦国的强大压力之下，各国诸侯犹如累卵，岌岌可危。而在各国之中又以我韩国最为危险，这些年来，国家积弱，军队不振，而秦虎视眈眈，一旦秦王政大举入侵，韩国就完了！"

韩王安急切地问：

"那寡人该怎么办呢？要不就遂了秦王的心愿，送你入秦怎么样？"

韩非一听韩王此言，心里默念道：

"国家积弱，又有大王如此，只恐我韩国亡国之日真的不远了。"

心灰意冷的韩非向韩王深深一躬，说道：

"臣自当入秦，但定当全力为韩国谋求一条生路。臣听说，秦王为了逼迫臣西入咸阳，已经在秦、韩边境地区部署了重兵。如果臣不遂秦王政的心愿，他定然会以此为借口，大举入侵韩国。"

说完，韩非转身离开了王宫。韩王安望着韩非的背影，心里五味杂陈，很不是滋味。

几天之后，韩非便跟着秦王政的使者往咸阳方向而去。在路上，韩非文思泉涌，立即手执刻刀，在竹简上刻下了《存韩》一文，准备呈给秦王政。

秦王政见韩非入秦，亲自出宫迎接。他快步上前，拉住韩非的手，恳切地说：

"寡人很想念公子啊！往日只能读公子的文章聊以自慰，今日终于可以亲眼见到公子了！"

韩非深深一躬，冷冷地回答说：

"韩非何德何能，竟让大王如此牵挂。"

来到宫殿之上，韩非再拜，然后将《存韩》一文呈献给秦王政。秦王政打开竹简，逐字读了起来。秦王政很快就发现，同韩非的其他著述不同，《存韩》全然不提如何为君驭民，只讲各国诸侯之间的纵横关系，并且竭力劝说自己保存韩国，转而攻打赵国。韩非的理由是：弱小的韩国已经臣服秦国几十年，就如同秦国的郡县一样；而赵国却多次挑起事端，企图削弱秦国。因此，秦不应放着最大的祸患赵国不打，而先去伐韩。

韩非竭力使秦王政相信，一旦秦国伐韩，韩国定然会上下齐心，誓死抵抗，秦国迅速灭韩的几率微乎其微。而且如此一来，韩国必然不再向秦国称臣，而是与魏、齐等国联合，与秦国为敌。那么，即便秦军骁勇善战，也无法一举消灭东方各国。

因此，韩非建议秦王政派人出使楚、魏两国，存韩而伐赵。等到天下大定之时，秦国根本不必出兵韩国，只需要写一封檄文，就可让韩国归顺了。

（二）

秦王政看完韩非的谏书后，微微笑了笑，然后向韩非挥了挥手，说道：

"公子初到秦国，想必已经很累了，何不先去休息一下呢？"

韩非站起来，深深一躬，转身离开了。秦王政留下李斯和尉缭等人，讨论韩非的"存韩"建议。秦王政将韩非的谏书丢给李斯，李斯看了看，大声道：

"这是离间之计，大王不可轻信。"

秦王政说：

"先行灭韩是历代先王的既定方针，我大秦的一切军事部署也都是照此安排的。如果采纳韩非的建议，寡人岂不是要改变既定部署？爱卿放心，寡人不会轻易相信韩非的。此人对韩国忠心耿耿，暂时还不会为寡人所用。韩非能助寡人治天下，但不能助寡人取天下。能助寡人取天下者，只有爱卿等数人。"

《存韩》谏书已经让秦王政对韩非心存芥蒂，韩非也觉察到了这一点。然而，为了能让韩国苟延残喘几年，韩非全然不顾自己的性命，居然在不久之后再次上书，离间秦王政与其大臣的关系。

秦王政曾接受尉缭等人的建议，派姚贾怀揣重金前往东方六国离间诸侯的关系。姚贾是魏国人，出身低微（其父是魏国的一个守门小吏），但颇有机谋。年轻时，他曾在赵国为官，后因监守自盗被赵王驱逐了。

秦王政曾召集60余人，问谁可赴东方六国实施离间计，姚贾毛遂自荐，自愿前往。于是，秦王政便给了他马车百辆，黄金千金，派他出使各诸侯国。

几年过去了，姚贾不辱使命，成功地离间了各诸侯，并于公元前233年返回咸阳。秦王政亲自出宫相迎，并立即封姚贾为上卿，赐爵千户侯。

这件事很快就传到韩非的耳朵里。对秦王政和秦国来说，姚贾成功离间东方六国功劳甚大，但对韩非和韩国来说，这无异于雪上加霜。于是，他立即草拟一封谏书，历陈姚贾的不是。

在谏书中，韩非称姚贾带着巨额的珠玉金银，由南至北，出使三年，但未必离间了各诸侯的关系，却把秦国国库的金银花光了，这是姚贾凭借大王的权威、国家的资财，在为自己的私利交结诸侯。

韩非还进一步离间说：

"姚贾本是魏国监门之子，而且曾在魏国行盗。后来，姚贾到赵国为臣，又被驱逐。让这么一个监守自盗的魏国大盗和赵国的逐臣参与有关秦国社稷的决策，怎么能鼓励群臣忠心为国呢？"

秦王政本来就十分多疑，看了韩非的谏书之后，心中的疑虑又多了一层。为了避免不必要的麻烦，秦王政立即罢了姚贾的官职，并着人严加审讯。

姚贾不服，要求当面向秦王政解释清楚。秦王政本来也不大相信韩非之言，只是对姚贾有所怀疑而已。因此，当姚贾要求面见自己时，秦王政立即答应了。

秦王政坐在殿上，威严地问：

"我听说，你在东方六国，经常用寡人的钱财结交各国诸侯，可有这样的事？"

姚贾回答说：

"启禀大王，确有此事。"

秦王政拂袖而起，斥责道：

"既然如此，你为什么还要求见寡人？"

姚贾不慌不忙地说：

"假若臣结交东方诸侯是为了一己私利，我又何必回到咸阳呢？如果姚贾不忠于大王，那么东方各国诸侯又怎么会相信我，互相猜忌呢？夏桀听信谗言而诛杀良将，商周听信谗言而杀害忠臣，结果都落了个身死国破的下场。如果大王听信谗言的话，恐怕满朝文武就再也没有忠臣了。"

听了姚贾的话，秦王政的怒气消了大半：

"你可知道你的出身？你是监门之子，梁上大盗，赵国的逐臣，你让寡人怎么相信你呢？"

姚贾冷冷一笑，随即便陈述了历史上出身低微、名声不好，但却对主上忠心耿耿的名臣，然后又说道：

"明主大多不在乎臣下身上的污点，不听信别人对臣下的诽谤，只是看臣下是否可为自己所用。所以，那些能够保存社稷的明主决不会听信外面的谗言而妄加惩罚臣下，也不会因为一个人名声在外而封赏于他。正因如此，群臣才不敢对明主有不切实际的要求。"

听了姚贾的一番话，秦王政心中的怒气已经消失殆尽。他点了点头，轻声道：

"爱卿所言有道理，寡人差一点儿犯了大错啊！"

随后，秦王政立即下诏，令姚贾官复原职。

姚贾复职了，韩非自然就惨了。韩非以莫须有的罪名向秦王政进谗，诬告姚贾，其用心十分明显。他既想离间秦国君臣的关系，也想破坏秦国离间东方诸侯的战略性计划。如果秦王政杀了姚贾，恐怕再也没有人愿意前往东方六国实施离间计划了。

由此，秦王政对韩非十分不满，并逐渐产生了驱逐他的想法。就在这时，嫉妒韩非才华的李斯连同姚贾一起在秦王政面前诬陷韩非，说他入秦以来不但没有尺寸之功，反而诬陷有功之臣，用心险恶，论罪当诛。

正在气头上的秦王政听信了李斯和姚贾的建议，立即派人捉拿韩非入狱。韩非大喊冤枉，想要向秦王政陈述自己无罪。但在李斯的控制下，韩非根本就没有自我申辩的机会。不久后，李斯又秘密派人送毒药给韩非，让他服毒而死。

恰在此时，秦王政突然醒悟过来，觉得韩非可以诬陷姚贾，那李斯和姚贾也同样可以诬陷韩非，因此立即命人前去大狱释放韩非。

然而，秦王政的传令官还是晚到了一步。当他来到大狱之时，韩非已经死了。

（三）

韩非的死让秦王政失去了一位治理天下的贤才，究其原因，韩非是死于李斯的陷害。秦王政虽然知道这一点，但也不想深究。在一统天下的大业中，李斯、姚贾等人对他还有很大用处，他不想为了一个死去之人而自断左膀右臂。

韩非死后，韩王安立即派使者执臣子之礼前往咸阳，公开表示要向秦王政称臣。秦王政欣然受之。

就在这时，前线传来了一个令人意外的消息。桓齮将军率领的十万大军在宜安（今河北省藁城市西南）与赵国名将李牧遭遇，结果秦国十万大军悉数被歼。桓齮则乔装打扮，化名樊於期，畏罪逃亡，不知去向。

秦王政大怒，立即派人将桓齮满门抄斩，老弱病残一人不留。余怒未消的秦王政还下令道：

"凡是活捉或杀死桓齮者，寡人立即封其为万户侯，赏金千斤！"

桓齮的宜安之败是秦王政自亲政以来在军事上遭遇的第一个重大挫折，秦王政遂将一腔怒气全都撒在桓齮的身上。怒火逐渐平息之后，秦王政又召见了李斯、尉缭和王翦等人，商议对东方六国的用兵之事。

尉缭和王翦主张继续对赵用兵，待其兵力匮乏之时再转而攻韩，以免赵国趁秦国对韩国用兵之时从后偷袭秦军。秦王政深以为然，采纳了他们的意见。

公元前232年，秦军兵分两路，一路从邺城出发，一路从太原出发，直取赵国军事重镇狼孟（今陕西省阳曲县）。正在两军酣战之际，咸阳突然地动山摇，发生了地震。秦王政立即请天文官预测吉凶。天文官以为，地震是上天对人间的警示，因此劝秦王政暂且休兵。秦王政听到这一说法后，立即撤兵休整，以待来年再战。

秦国休兵之后，各国之间保持了近一年的平静。不过，秦王政在私底下并没闲着，他不断召集众臣，商议对韩国用兵之事。当时，赵国屡遭重创，基本上已没可能再从背后威胁秦军的安全了。因此，秦王政便打算按照既定部署，逐步消灭六国。

按照既定部署，秦灭六国的第一个战略目标就是韩国。由于韩国地处秦军东进的要冲，是"天下之咽喉"，而韩于山东六国中又实力最弱，因而毫无疑问地成为秦灭六国的第一个战略目标。

公元前231年初，韩王安为了表示对秦王政的忠心，命使者携带南阳地图，将南阳之地献给秦国。秦王政大喜，立即任命内史腾前往南阳任假守。所谓假守，用今天的话来说就是代理市长。内史腾是一个很有才能且对秦国忠心耿耿之人，事秦昭襄王、秦孝文王、秦庄襄王和秦王政四朝，是朝中为数不多的老臣。

韩国主动献地，魏国唯恐秦国迁怒于魏，转而向魏国用兵。此时，魏安釐王已经逝世多年，其子魏增执政，史称魏景湣王（？—前228，前242年至前228年在位）也派使者执臣子之礼，前往咸阳向秦王政献地。秦王政大喜，认为对韩国用兵的时机已到，因此立即下令登记秦国男子的年龄，准备大规模征兵，一举灭掉韩国。

一天晚上，秦王政派使者秘密前往南阳，去请内史腾，与他商议就近消灭韩国之事。内史腾不敢怠慢，连夜出发。几日后，内史腾满脸风霜地赶到咸阳，秦王政亲自在大殿之下迎接。

随后，秦王政将内史腾引入后殿，分君臣坐了下来，秦王政这才开口说道：

"寡人这次召见爱卿是为了灭韩之事。如今，赵国已经疲惫不堪，再也无法从背后威胁我军的安全了；而韩国多年积弱，更是不堪一击。如果寡人突然发兵，韩国便可成为我囊中之物。"

内史腾略一沉思，问道：

"大王是想从南阳之地就近发兵，以便攻其不备？"

秦王政笑道：

"知寡人者莫若卿也！寡人想让你领兵，从南阳直奔韩都新政，消灭韩国，活捉韩安。"

内史腾站起来，向秦王政深深一躬，朗声道：

"臣定当不负使命，只不过，臣以为此次发兵重在保密。如果我军能突然发动攻击，袭其不备，韩国在数日之内便可平定。但如果走漏了消息，韩国事先做了准备，只怕此战会迁延时日。灭韩是我大秦一统天下的第一战，如若久攻不下，定然会助长东方各国的威风，灭我大秦的士气。"

秦王政起身走到内史腾的面前，双手扶起他，笑道：

"爱卿与寡人之策不谋而合。好，一切照你所说的办。"

内史腾离开后，便开始按照秦王政的旨意秘密调兵遣将，将其部署在南阳一带。公元前230年，秦军灭韩的一切准备工作已经做好了。秦王政一声令下，内史腾便率领数万秦军将士直扑新政而去。韩国军民还没等反应过来，内史腾便攻下新政，俘虏了韩王安。

从此，韩国便在战国的版图上消失了。秦王政下令在原先韩国的土地上设置颍川郡，派郡守治之。秦王政一统天下的第一个战略性目标就这样轻而易举地实现了。

第十一章 赵国灭亡

虽四三皇、六五帝，曾不足比隆也。

——（近代）章太炎

（一）

赵国曾是战国七雄之中实力仅次于秦国的大国，国富兵强，良将如云，如拥有廉颇、赵奢、李牧等大将。不过在长平之战后，赵军损失了数十万大军，从此便一蹶不振。赵奢死后，廉颇出走楚国，朝中将才也开始凋落，唯有李牧还可以领兵征战。更为悲惨的是，赵国君臣隔膜很深，文官与武将不睦，彼此经常发生争执。

赵国外围的环境也不太平，同东北方向的邻国燕国长期不睦，经常兵戎相见，相互攻伐。即使是在合纵攻秦之时，两国之间也是貌合神离、钩心斗角。此外，赵国北部边境与匈奴相接，经常遭受这个强大的游牧民族的骚扰。因此，即便是秦军大军压境之际，赵国也不得不分兵据守北部和东北边境，以防匈奴和燕国从后方偷袭。

秦王政灭韩之后，立即将矛头对准赵国。就在此时，秦王政安插在赵国的间谍带来了一个好消息：

"启禀大王，天灭赵国啊！"

"哦？"秦王政用手指了指边上的坐榻，示意来人坐下，"先坐下，再慢慢说。"

来人坐下后，急切地说：

"赵国正在遭遇天谴，地动山摇，自乐徐（今河北省满城县西北）以西，北至平阴（在今山西省阳高县南），房屋毁其大半，大地裂开了一道东西宽130步的大口子。百姓死者不计其数，流离失所者数不胜数。如今，赵国到处在传唱'赵为号，秦为笑。以为不信，视地之生毛'的童谣。"

秦王政听罢，大笑道：

"真是天助我大秦啊！"

这时尉缭上前一步，向秦王政深鞠一躬，朗声说道：

"大王，我们应该抓住这个千载难逢的机会一举消灭赵国。"

秦王政望着东方的天空，喃喃道：

"寡人等这一天已经等了十几年，上天有眼，让寡人得此良机！寡人怎能不好好利用呢？"

说罢，秦王政立即宣王翦、杨端和及羌瘣觐见。由于史料有限，现已无法知晓羌瘣此前的生平事迹。不过可以肯定的是，他和王翦、杨端和一样，都是秦王政手下能征善战的骁勇之将。

王翦等人入宫觐见后，秦王政笑着说道：

"上天惩罚赵国，使其百姓流离失所，死伤无数，此时正是我大秦消灭赵国的大好良机。寡人召见众位爱卿，正是为了此事。"

王翦皱了皱眉头，张了张嘴，似乎想说什么，但终究没说。秦王政的眼睛敏锐地捕捉到了王翦微小的动作，忙问道：

"王爱卿有什么话要说？"

这时王翦上前一步，回答说：

"如今天助我大秦，自然是用兵的大好时机。只不过，大王切莫忘记桓齮宜安兵败逃亡一事。桓齮这厮本也是一名能征善战之将，但遇到李牧之后仍不免全军覆没。所谓'擒贼先擒王'，臣以为想要破赵军，不能不先除掉李牧。"

秦王政闻听王翦此言，面露不悦之色，冷冷地说：

"王将军难道是怕了李牧吗？"

王翦立即回答说：

"臣岂会害怕区区一个李牧？只不过，为将之道贵在用谋，而不是一味死战。假若赵国有李牧在，我大秦士卒不知要枉死多少啊！请大王明察！"

秦王政略一思忖，说道：

"爱卿所言很有道理。李牧定然要除，但急切不能成事，这件事还要从长计议。"

随后秦王政宣布，任命王翦、杨端和、羌瘣等人为将，即日起便开始集结部队，筹措粮草，准备攻打赵国。

（二）

公元前229年，即秦王政十八年，秦王政命秦军兵分三路，全力攻打赵国。王翦领一路，从上党出发，由西向东，直奔赵国的军事重镇井陉（今河北省井陉县）而去，待攻下井陉之后，再由北向南，威逼邯郸；杨端和领一路，由河内（今河南省黄河以北地区）出发，直扑赵国的腹心，围困邯郸；羌瘣领一路，居于王翦和杨端和所部中间，作为两路大军的援军。

赵幽缪王闻讯后，立即任命李牧、司马尚为将，统率赵军，全力抵抗入侵的秦军。正所谓"棋逢对手，将遇良才"，李牧与王翦在赵国腹地摆开了阵势，好一场厮杀，但仍无法分出胜负。

战役逐渐进入僵持阶段，王翦便命令部队转攻为守，以降低士卒的伤亡率。与此同时，王翦又派人火速赶往咸阳，催促秦王政早日想办法对付李牧。

秦王政接到王翦的报告后，才意识到李牧确实是一位不可低估的敌人。如果李牧不死，赵军至少还能再撑上两三年，这对秦国一统天下的霸业显然是不利的。首先，李牧的存在，势必会给秦军造成重大伤亡，让秦国因此而没有足够的兵力继续进攻其他诸侯国；其次，如果秦军与赵军久久僵持不下，秦国的军心、民心也会受到打击，从而影响秦国政局的稳定。

左思右想之后，秦王政决定使用最有效的方法——反间计，让赵幽缪王亲手诛杀李牧。于是，秦王政叫来一位能言善辩之人，给了他许多黄金，让他秘密前往赵国贿赂郭开。

郭开是赵国的两朝元老，也是赵幽缪王身边的红人。更重要的是，郭开是一个小人，赵国一代名将廉颇就是因他在赵悼襄王面前进谗才被解除了兵权。

赵悼襄王十分宠信郭开，而郭开也很会哄赵王开心。刚直不阿的廉颇看不惯这个只会溜须拍马的小人，在一次宴会上当面斥责了他，结果郭开就怀恨在心，伺机在赵悼襄王面前进谗，怂恿赵王解除了廉颇的兵权，逼走了廉颇。

离开军队之后，廉颇大怒，竟然领兵攻打代替他的乐乘。随后，廉颇愤然离开赵国，前往魏国都城大梁。魏王虽然十分敬重廉颇，让人好生招待他，但并不信任他，更没有委以重任。

后来，赵悼襄王面临秦军的压力，多次想重新启用廉颇。赵王派遣使者唐玖带着一副名贵的盔甲和几匹快马到大梁去慰问廉颇，看廉颇还是否可用。郭开唯恐廉颇再次得势，威胁到自己的利益，便暗中给了唐玖很多金钱，让他在赵王面前说廉颇的坏话。

唐玖见到廉颇以后，廉颇当着他的面吃了一斗米，十斤肉，还披甲上马，表示自己老当益壮。然而，收受了郭开贿赂的唐玖回到邯郸后却对赵王说：

"廉将军虽然老了，但饭量还很好。他一顿饭吃了一斗米，十斤肉。不过，臣和他坐在一起发现，他没多久就解了三次手。"

赵王摇了摇头，叹息道：

"廉颇真是老了，不中用了！"

就这样，廉颇没能再次得到赵悼襄王的重用，最后不得不前往楚国为将。耐人寻味的是，像郭开这样的小人在赵国王权更替之时不但没被剔除出朝廷，反而再次得到了昏庸的赵幽缪王的宠信。郭开这个小人不但断送了廉颇的一生，也断送了赵国的大好河山。

当秦王政的使者携带大量金银珠宝来到郭开面前时，郭开眉开眼笑地说：

"我能为秦王做些什么呢？"

秦王政的使者用手做了一个抹脖子的动作，低声道：

"李牧和司马尚！"

郭开笑道：

"小事一桩，就交给我吧！"

秦王政的使者见郭开为了金钱，竟然丝毫不将赵国的安危放在心上，就问他：

"你不怕赵国灭亡吗？"

郭开竟然笑着说：

"你知道廉颇吗？赵国的存亡是整个国家的事，可廉颇是我个人的仇敌。这一次也一样，赵国的存亡是整个国家之事，但金钱却是我一个人的。"

秦王政的使者哈哈大笑，留下金银珠宝后便返回咸阳复命去了。秦王政听了使者的转述，叹息道：

"赵国有这样的臣子，又怎么能不亡国呢？"

（三）

郭开收了秦王政的金银珠宝后，果然在赵幽缪王的面前说李牧等人的坏话，企图剥夺李牧和司马尚的兵权。他对赵幽缪王说：

"大王，如今秦国大军压境，我赵国的兵权悉数掌握在李牧和司马尚的手里，大王就不担心吗？"

"担心什么？"赵幽缪王惊讶地问。

郭开奸笑一下，附在赵幽缪王的耳边，轻声说道：

"臣听说李牧与司马尚拥兵自重，有不臣之心，想自立为王。"

赵幽缪王勃然大怒：

"真有此事？这个李牧，寡人待他不薄，他为何要反寡人呢？"

郭开回答说：

"大王，你想啊，他在大王手下为将，最多也不过是一个将军。如果杀了大王，自立为王的话……"

突然，郭开假装惶恐的样子伏在地上，再拜道：

"臣该死，臣该死！大王福寿绵长，绝不会中了李牧这个小人的奸计的！"

赵幽缪王赶紧下来扶起郭开，说道：

"爱卿是为寡人着想，寡人绝不会怪罪你的失言的。"

郭开站了起来，又低声说：

"大王，对李牧和司马尚这两个狼心贼子，真是不可不防啊！"

昏庸的赵幽缪王竟然不加调查，便立即下令剥夺了李牧和司马尚的兵权，派赵葱和齐将颜聚代替他们的职务。

李牧闻讯恸哭道：

"我的命完了，赵国也完了！"

司马尚焦急地大叫道：

"将军，难道我们就这样眼睁睁地看着赵国灭亡吗？"

李牧略一沉思，坚定地说：

"赵国数百年的基业就要毁了。你我世受国恩，决不能眼睁睁地看着大王胡作非为。"

司马尚见状，也说道：

"大王不足事，但我等不能不为报国恩而死战啊！将军，如今士卒只认将军为将，而不认赵葱和颜聚，只要将军不交出兵符，他们也无可奈何。"

李牧凄然地说：

"看来也只有这样了，眼下只能撑一天是一天了。"

李牧拒绝交出兵权，这无疑加重了赵幽缪王对他的疑心。郭开也趁机在一旁进谗：

"大王，李牧果真有谋反之心啊！否则，他为何不肯交出兵权呢？"

赵幽缪王急切地问：

"那寡人该怎么办呢？"

郭开附在赵幽缪王耳边，小声嘀咕了几句，赵幽缪王立刻大笑道：

"妙计！妙计！如果没有爱卿，寡人之国就要被李牧夺去了！"

几天后，李牧接到赵幽缪王的诏书，命他紧急赶赴邯郸，商议国事。对赵国忠心耿耿的李牧丝毫没有怀疑赵幽缪王诏书背后的阴谋，将军中事务交给司马尚后，立即往邯郸赶去。

李牧怎么也没有想到，他刚刚步入王宫，就被一群武士围了起来。郭开厉声指责他要谋反，赵幽缪王则在一旁大声喝道：

"寡人待你不薄，你为何要反寡人呢？"

李牧跪在地上，大声辩解：

"臣绝无谋反之心啊！"

郭开厉声道：

"既然没有谋反之心，你右臂里藏的是什么？难道不是凶器吗？"

李牧天生残疾，右臂伸不直。即便是向赵王行跪拜礼时，右臂也够不着地。为了表示对赵王的尊敬，李牧不得不做了一只假肢。他看了看自己右臂的假肢，忽然绝望地笑了起来。

赵幽缪王听到郭开提到"凶器"，又见李牧那伤心欲绝的笑容，立即下令道：

　　"给我把他乱剑刺死！"

　　李牧见赵幽缪王如此昏庸，自己又无法脱身，遂生以死明志之心。他"噌"地站起来，从一名武士的手中夺过宝剑，将剑尖含在口中，往一旁的柱子上撞去……

　　可怜一代名将，因为右臂残疾，无法举剑自刎，只好采取这种惨烈的方式结束了自己的生命。

　　李牧死后，司马尚也被剥夺了兵权，赵葱和颜聚继续领导赵军抵抗王翦和杨端和的两路大军。赵国的百姓纷纷闭门痛哭，悼念一代名将李牧。

　　李牧吞剑自裁的消息传到咸阳后，秦王政大笑，连声道：

　　"赵国现在已是寡人囊中之物了。"

　　随后，秦王政便命王翦和杨端和全力攻赵。秦军两路人马在王翦和杨端和的带领下，合力围攻赵军。赵葱和颜聚无力抵抗，兵败被俘。三个月后，秦军荡平赵国，攻克邯郸，俘虏了昏庸的赵幽缪王。

　　这位无能的君主在最后一刻终于醒悟了。当他规规矩矩地把邯郸地图和价值连城的和氏璧高高举过头顶，跪在秦王政脚下称臣时，他想到了冤死的李牧。

　　后来，秦王政将赵迁流放到房陵（今湖北省房县）。在异国他乡，赵迁终日以泪洗面，嗟叹道：

　　"假如有李牧在，秦人又怎么有机会吃上我邯郸的粮食呢？"

　　然而一切都晚了，赵迁只能在痛苦之中悔恨自己杀害良臣，最后落了个国破家亡的悲惨结局。不久，赵迁便郁郁而终，赵国正式灭亡。

第十二章　吞并燕国

　　及至始皇，奋六世之余烈，振长策而御宇内，吞二周而亡诸侯，履至尊而制六合，执敲扑而鞭笞天下，威震四海。

——（西汉）贾谊

（一）

　　公元前228年，秦军刚刚荡平赵国，秦王政便不顾众臣的劝阻，亲自来到阔别了23年之久的邯郸。

　　邯郸既是秦王政的出生地，也是他的伤心地。在人生最初的几年中，他和母亲在邯郸受尽凌辱，不得不东躲西藏地讨生活。而今，昔日的逃犯已经成为赵人的主宰了。

　　重临邯郸，秦王政的内心感慨良多。不过，他胸中的复仇之火远比感慨更多，他立即命令士卒将邯郸百姓悉数赶到街上。看着伏在地上不敢抬头的邯郸人，秦王政大声喝道：

　　"如今，寡人已经荡平赵国，你们已经是寡人的子民。既然已是寡人的子民，寡人自然不会杀你们。但大丈夫有仇不可不报，你们是否记得，23年前流浪在邯郸街头的赵政？你们是否还记得，你们是如何对待他的？告诉你们，寡人就是赵政！"

　　说到这里，秦王政抬头望了望天空，努力控制住自己的情绪，担心自己会在众人面前流泪失态。沉默良久，秦王政又冷冷地说：

"寡人不杀你们，但那些曾经欺负过寡人母子的家伙必须死！寡人给你们一炷香的时间，如果那些曾经欺凌过寡人母子的家伙自动站出来，你们就可以回家。不然的话，休怪寡人无情……"

说完，秦王政便做了一个抹脖子的动作。过了一会儿，人群中有个人站起来，颤巍巍地走到最前面，又跪在地上。

接着，第二个人，第三个人……也陆续跪到秦王政的面前。秦王政冷笑道：

"很好！其他人可以回家了！"

秦王政此言一出，人们纷纷从地上爬起来，后退着离开了。待人群散尽后，秦王政命令士卒道：

"到城外挖个坑，把这些人全部活埋，一个不留！"

说完，秦王政便转身离开了。有的影视作品在讲述这段历史时用了非常夸张的手法，说秦王政攻下邯郸之后立即命令屠城。但这只不过是一种艺术表现手法而已。根据《史记·秦始皇本纪》中记载，秦王政不过活埋了几个与他有仇的人。

邯郸平定之后，秦王政便取道太原、上党，然后返回咸阳。秦王政所到之处，"万岁"之声不绝于耳，他心中的权力欲与控制欲日渐膨胀起来。

秦王刚刚回到咸阳，赵太后便去世了。秦王政草草为母亲举办了国丧后，便又开始筹划攻伐燕国之事了。秦军在攻破邯郸之后，赵幽缪王的长兄赵公子嘉带着一部分宗室大臣逃到了毗邻燕国的代郡（今山西省西北部、河北省东北部一带），自立为代王。

赵嘉是赵悼襄王的嫡长子，但却因赵幽缪王之母在赵悼襄王面前进谗，未能继承大统。如今，包括都城在内的大部分地区已尽归秦国，赵幽缪王被俘，赵嘉终于有机会登上了王位。但是，他所面临的却是一个千疮百孔、满目疮痍的国家。

与赵幽缪王相比，赵嘉颇有政治和军事才能。他知道，单凭赵国一国的实力已无法与强大的秦军抗衡，只能向赵国的传统敌国燕国求救。

在战国七雄之中，燕国是个相对弱小的国家，时时遭受着赵国、齐国和秦国的威胁，但其历代君王励精图治，总算保住了江山社稷。

在接到赵嘉的求助信函之后，燕国的末代君王燕喜立即召集群臣商议对策。

太子丹首先出列，认为当今秦国独大，赵国已经基本亡国，秦军的下一个目标必定是燕国。如果燕国与赵嘉合兵一处，尚有自保的可能；否则秦军一到，燕国马上就会面临亡国的危险。

燕王喜深以为然，立即派使者前去见赵嘉，答应他的请求。赵嘉欣喜若狂，即刻领兵与燕军合兵一处，驻守在上谷（今河北省怀来县附近），准备迎击秦军。

（二）

史书上关于太子丹的记载较少，但此人在历史上的名气却非常大。许多影视和文学作品也大书特书，塑造了太子丹英武、睿智但又缺乏政治远见的形象。这大体上是符合历史事实的。不过有一点需加以强调的是，太子丹和秦王政一样，都是心胸狭窄、睚眦必报之人。

太子丹早在赵国为质时，就与秦王政相识。他当时的处境要比秦王政稍好些，或许正因为如此，才引起了秦王政的嫉妒。后来，秦王政登上秦国国君的宝座，而太子丹却再次为质，被父王燕喜送到咸阳。

太子丹思念故国，便向昔日的好友秦王政提出请求，希望他能放自己回国。或许是出于昔日的恩怨，也或许是为了秦国一统天下的霸业着想，秦王政不但没有答应太子丹的请求，反而奚落他说：

"待乌鸦头上生出白毛，马头上生角的时候，寡人便答应你回国的请求。"

太子丹对此怀恨在心，千方百计伺机报复。后来，太子丹在燕国间谍的帮助下逃离秦国。回国后，太子丹开始重用田光，企图向秦国复仇。

田光学识渊博，智勇双全，但由于对战乱连年的现实不满，他拒绝为官，因此被燕国人称为"节侠"。田光虽然不肯做官，但却一生行侠仗义，广交朋友。晚年时期，田光留居燕都蓟城（今北京市），与太子丹的师傅鞠武相交甚密。

当秦军大举进攻赵国时，太子丹便立即召见田光商议对策。太子丹虽然缺乏政治眼光，但绝不是一个毫无谋略之人。他深知，凭借赵嘉和燕国的几万军队，根本无力阻挡秦军的兵锋。在太子丹看来，想要保住燕国，唯一的办法就是刺杀秦王政，阻止秦国一统天下。

因此，太子丹向田光说了自己的想法，但田光回答说：

"启禀殿下，老朽年迈，已经不堪重用了。殿下既然想成大事，老朽就向殿下推荐一人。"

"谁呢？"太子丹急切地问。

"卫国人荆轲，人称庆卿。"

荆轲在燕国的名气很大，太子丹也早就听说过他的名字了。荆轲年少时尚游侠、好击剑，练就了一身好武艺。来到蓟城后，荆轲经常与善于击筑的高渐离、狗屠等人交游。众人经常在闹市上饮酒，然后高渐离击筑，荆轲舞剑而歌。

这一切引起了田光的注意，他也颇为善待荆轲等人。田光知道荆轲心怀大志，绝非等闲之辈，所以太子丹请田光刺杀秦王政之时，田光便向他推荐了荆轲。

太子丹闻言，高兴地问道：

"我是否能通过先生结交荆轲呢？"

"可以。"田光回答。

随后田光先生起身告辞，准备回去请荆轲。太子丹亲自送田光到宫门旁，临别时还嘱咐他说：

"刚才我们所说的都是国家大事，希望先生不要泄露给外人。"

"请殿下放心。"田光回答。

田光见到荆轲后，先是深深一躬，然后才说道：

"先生与老朽相交，燕都中无人不知、无人不晓。今日太子丹以'燕秦誓不两立'的机密大事向我求助，无奈我已年老无能，愿先生能留意这件事。老朽窃以为与先生交厚，便将先生推荐给太子丹，希望先生能亲自前往太子丹宫中一趟，便会知道是怎么回事了。"

荆轲举起酒杯，一饮而尽，高声道：

"先生吩咐，在下自当照办。"

临别时，田光对荆轲说：

"我听人说，有贤德的人行事，应不至于引起他人怀疑。今日分别时太子丹告诫老朽，让老朽不要将所谈之事泄露给外人，这是太子丹对老朽不信任啊！一个人的行为使人有所怀疑，说明他并非是有节操的侠义之人。"

田光向荆轲谈及太子丹的这些事，目的就是想刺激荆轲，让他下定决心，誓死为太子丹所用。荆轲刚要说什么，田光又接着说：

"先生还是快到太子丹那里去吧，就说田光已自刎而死，以此表明老朽绝不会将此事泄露给外人。"

说完，田光便拔剑自刎。荆轲见田光以死明志，深受感触，立即来见太子丹。

（三）

太子丹闻知田光为了表明自己绝不外泄秘密的决心竟然自刎而死，既羞愧又钦佩，再拜而跪，膝行向前，痛哭道：

　　"燕丹之所以告诫先生勿泄于外人，是因为想要成就机密大事，想不到先生竟自刎而死。燕丹真是羞愧难当啊！"

　　对太子丹的表现，荆轲十分淡然。他冷冷地坐在榻上，注视着太子丹。太子丹站起来，走到荆轲的面前伏地再拜，说道：

　　"田先生不以燕丹为不才，使我有幸见到先生，燕丹不胜感激。这是上天哀怜燕国，让燕丹不至于无依无靠啊。"

　　荆轲似乎没听到太子丹的话，头也不抬，只顾喝酒。太子丹继续说：

　　"秦王政有贪利之心，如不占有天下土地，称王于天下，他的意愿就不会满足。如今，秦国已经俘虏韩王，占领韩国的全部土地，又发兵南下伐楚，北上兵临赵……赵国无力抵挡秦军，必定称臣降秦。赵称臣于秦，祸患必定降至燕国。燕国弱小，数年来困于抵御外敌，今日动员全国的兵力也不足以抵挡秦军。而各诸侯国又都畏惧秦国，不敢联合抗秦。"

　　这时荆轲才缓缓放下酒杯，笑着说：

　　"太子殿下召见荆轲，不会是为了给我讲天下的形势吧？"

　　燕丹回答说：

　　"燕丹不敢。我私下里认为，如果能得到天下的勇士，使其出使秦国，用重利向秦人炫示。秦王政贪利，势必愿意接受。如果能在咸阳宫中劫持秦王，逼他退还侵占各国诸侯的土地，就像当年曹沫用匕首逼迫齐桓公退还侵占的鲁国土地那样，那就太好了。如果秦王政不答应退还，便可当即将他刺死。秦国的大将都统兵在外，闻知国内有乱，必定君臣相疑。这时，各诸侯国再乘机联合攻秦，秦国必破无疑。"

　　荆轲冷笑道：

　　"只怕是今非昔比呀。"

　　太子丹再拜说：

　　"这是燕丹的最大心愿，只是一时找不到可以堪任这一重大使命的人，望先生能帮燕丹留意此事。"

荆轲笑着推辞说：

"这是国家大事，臣才能低下，恐怕不足以担此重任。"

太子丹见荆轲推辞，伏地不起，再三恳请荆轲接受大任。荆轲无奈，只好答应了他。太子丹随即尊荆轲为上卿，居于上舍，每日以酒肉宴席进献，又安排车骑、美女供荆轲任意驱使。

当秦军已经抵达易水之滨，燕国岌岌可危之时，太子丹深为恐惧，立即向荆轲说：

"秦军早晚之间便会渡过易水，燕国的危险越来越近了。燕丹想长久地侍奉足下，但恐怕做不到了。"

荆轲笑着说：

"太子殿下不提及此事，臣也正想向您辞行。只不过，臣希望太子能赐给臣两件东西。"

"什么东西？"

"臣听说秦王政以黄金千斤、食邑万家来悬赏樊将军的人头。如果将樊将军的项上人头与燕国易水流域富庶之地的地图献给秦王，秦王必定会高高兴兴地接见臣。届时，臣便可以乘机刺杀秦王。"

太子丹听荆轲说要用樊於期的人头作为拜见秦王时的见面礼，摇头说：

"樊将军在危难之际投奔我燕国，燕丹实在不忍心以一己之私而伤害长者的诚意啊，请先生还是另想别的办法吧！"

荆轲知道太子丹不忍心以樊於期的人头作为给秦王的见面礼，便私下拜见了樊於期，向他说明了目前燕国面临的境况。

樊於期闻言后，仰天长叹，痛哭流涕地说：

"樊於期每每念及亲人被害，常痛彻骨髓，只是想不出什么报仇的办法来。"

荆轲立即将他刺杀秦王的计划说出来。樊於期一听，马上脱去一边衣袖，露出半边肩膀，扼腕向前，大声说道：

"先生所言，正是臣日夜切齿之恨，今日愿听从先生的见教。"

说完，樊於期便拔剑自刎而死。樊於期的人头拿到了，荆轲还需要一把锋利无比的匕首。很快，太子丹便用万金从赵国徐夫人处购得一把削铁如泥的匕首，并命工匠用毒药浸泡。如此一来，这把匕首不但锋利无比，而且还有剧毒。太子丹用匕首在仆人身上做实验，只划破一点儿皮，被伤之人便会立即口吐鲜血而死。

（四）

见面礼和凶器都准备好之后，太子丹又为荆轲选了一名副使。副使名叫秦舞阳，有万夫不当之勇。据说他13岁时便杀过人，他走在街上，路人都不敢正视他。荆轲对这名副使很满意。

公元前227年秋，荆轲一行乘坐车马往咸阳而去。太子丹等知道这一秘密的人皆身穿丧服，将荆轲等人送到易水之滨。分别时，高渐离击筑，荆轲伴随着筑声引吭高歌：

"风萧萧兮易水寒，壮士一去兮不复还！"

送行之人无不悲伤落泪，而荆轲却毅然登车而去，始终没有回头向送行的人们告别。

荆轲到达咸阳后，将千金重礼送给秦王政的宠臣中庶子蒙嘉，请求蒙嘉代为引见。历朝历代，不管是明君贤主，还是昏聩无能之君，其身边似乎总有一两个奸臣，这蒙嘉便是其中之一。据说蒙嘉是秦国名将蒙骜的弟弟，但现在已无从考证。

蒙嘉向秦王政进言说：

"燕王已经被大王的神威吓倒了，不敢兴兵抵拒秦军，愿举国称臣，像诸侯侍奉天子那样，以燕国为秦的郡县，得以奉守先王的宗庙。燕王因恐惧大王而不敢亲自前来陈述此意，便斩下樊於期的头颅，献上燕国富庶之地的地图，遣使等候在王宫之外。"

秦王政听说燕王喜斩了樊於期的头颅，还献上燕国富庶之地，甘愿降秦称臣，十分高兴。连年征战，秦军虽然节节胜利，但士卒伤亡惨重，钱粮耗费巨大。如果能不战而统一天下，不但可减少秦军的伤亡，还能加速秦国一统天下的进程。想到这里，秦王政马上下令，以最隆重的九宾之礼接见荆轲和秦舞阳。

秦王政接见荆轲的这天，秦国众臣皆身穿朝服分列而立，卫士们也个个手持铁戟面无表情地站在甬道两旁。秦王政则一身盛装，威严地坐在殿上，然后下令道：

"宣燕国使者荆轲觐见。"

荆轲与秦舞阳一人捧着一个盒子，缓缓步入大殿。荆轲手中的盒子里装的是樊於期的人头，秦舞阳手中的盒子里装的是燕国的地图。荆轲徐步缓行，神态自若地走到殿前，礼拜后说道：

"臣荆轲拜见大王，谨遵燕王之命，献上秦国叛将樊於期的人头。"

说着，荆轲便打开盒子。众臣探头一看，不禁都吓了一跳。这时，秦王政开口道：

"乱臣贼子人人得而诛之，替寡人谢谢燕王。"

荆轲镇定自若地回答道：

"谨遵大王诏命。"

而一旁的秦舞阳就没有荆轲那么镇定。他见两旁的卫士个个威风凛凛，不禁两腿打颤，有些神态失常。秦国群臣发现这一点后，都感到有些奇怪。荆轲回头望了望秦舞阳，见秦舞阳在那里瑟瑟发抖，便向秦王政解释道：

"此人乃北方藩属的乡野村夫，未曾拜见过天子尊颜，因而有些畏惧，愿大王宽容，使其得以完成使命。"

秦王政打消了疑虑，对荆轲说：

"请荆轲将秦舞阳所持地图拿给寡人看看。"

荆轲从秦舞阳手中接过地图，双手走上台阶，来到秦王政的面前。

秦王接过地图，便在几上展图观看。地图一点点地打开了，当彻底展开之后，秦王政突然看见了那把锋利的匕首，立刻被吓了一跳。

荆轲趁机跃上前去，左手把住秦王政的衣袖，右手操起那把锋利的匕首就向秦王政的胸膛刺去。

秦王政一跃而起，挣断了衣袖，才得以抽身后退。秦国群臣都被这突如其来的变故惊呆了。按照秦朝的法律，群臣在殿上侍奉君王时都不能携带兵器，而那些手持兵器的卫士皆分列在殿下，不得到命令不能上殿。秦王政在慌乱之中也没来得及命令卫士上殿，只是一边围着柱子跑，一边拔剑自卫。

可是，由于秦王政的佩剑长达2.3米多，急切间没能从腰间拔出来。秦王政的侍医夏无且急中生智，以手中所持的药箱向荆轲击去。这时群臣在下面大声提醒：

"大王把宝剑推到背后！"

秦王政得此机会，顺势把剑推至背后，终于将长剑拔了出来。所谓"一寸长一寸强"，秦王政拔出长剑之后，形势立即发生了逆转。他挥剑向荆轲击去，一剑砍断了荆轲左腿。荆轲瘫倒在地，掷出手中的匕首，想击杀秦王政。秦王政一侧身，匕首击中了旁边的铜柱，铿然落地。

秦王政大步向前，举剑乱砍。荆轲身负重伤，再也站不起来了。他背靠着柱子，张开两腿，坐在殿上大笑着骂道：

"今日之事未能成功，是因为我太想活捉你，想得到归还诸侯土地的契约了！"

秦王政大怒，立即命令卫士上殿，用乱剑刺死了荆轲。

荆轲虽然死了，但秦王政的怒气一时之间却无法消除。他立即命令王翦和另外一名大将辛胜进攻燕国。燕赵联军根本无法抵挡，在易水之西遭遇了灭顶之灾。

公元前226年，秦王政命王翦之子王贲领兵增援王翦，一举攻占了燕都蓟城。燕王喜和太子丹慌慌张张地退保辽东郡（今辽宁省辽阳市一带），王翦则命令李信领兵继续追击。李信轻骑突进，紧追不舍。

这时，赵代王嘉致信燕王喜说：

"秦军之所以追得这么紧，是想得到太子丹。如果大王能杀了太子丹献给秦王，燕国就能保住了。"

结果，燕王喜真的杀了太子丹，并将太子丹的头颅献给秦王政，但李信并没有停止追击。燕王喜只好继续东逃，龟缩在辽东不敢出来迎战。至此，燕国已基本灭亡。

第十三章　平定六国

当其兴大役，天下皆痍疮。以之召祸乱，不旋踵灭亡。岂知易代后，功及万世长。

——（清）赵翼

（一）

公元前226年冬季，代郡和辽东之地天寒地冻，不宜用兵，而赵、燕两国虽有余烬，也不能影响秦国一统天下的大势了。秦王政遂下令暂且休兵，转而向气候温暖的楚国用兵。

于是，秦王政召集众将，一起商议对楚国用兵之事。面对朝中众多武将，秦王政比较倾心于年少壮勇的李信，因此他问李信道：

"李爱卿，你以为消灭楚国需要多少人马？"

李信略一沉思，回答说：

"楚国积弱，士卒更是缺乏战斗力。若要臣伐楚，只需20万兵马即可成就大业。"

"20万人马？"听到李信的回答，众将都十分惊讶。因为楚国地域广阔，人口众多，绝非20万人马可以攻灭的。但秦军的节节胜利让秦王政相信，秦军天下无敌，攻无不克，战无不胜，用20万人马攻灭楚国是完全有可能的。

秦王政又转向王翦，问道：

"王爱卿以为灭楚需要多少人马？"

王翦出列，向秦王政深鞠一躬，回答道：

"臣以为，若要一举攻破楚国都城寿春，非要60万大军不可！"

秦王政"哼"了一声，不满地说：

"王将军老了吧，未免有些太胆怯了！李将军果敢英武，才能成就大事。寡人以为，攻破楚国只需要20万人马就足够了。"

于是，秦王政便派李信为将，蒙骜之子蒙武为副将，率领20万人马南下伐楚。王翦受到秦王政的冷落，便托病辞官，回老家频阳养老去了。

在李信的率领下，秦军一路攻城略地，很快就攻下了平舆（今河南省平舆北）、寝（今安徽省临泉县）和陈（今河南省淮阳）等十几座城池。楚王负刍（？—前223，前227年至前223年在位）遣使抵达咸阳，向秦王政提出，准备献出青阳（今湖南省长沙市）以西之地，向秦国求和。但秦王政根本不理会负刍的请求，命李信继续加强攻势。

楚王负刍无奈，只好派项燕为将，领军反击。项燕是楚国的一代名将，用兵如神，而且满门皆将才，后来联合各地义军灭亡大秦帝国的西楚霸王项羽便是他的孙子。

项燕领命后，趁秦军不备，突然率军向秦军发动袭击，并且大败秦军，杀掉秦军7个都尉。轻敌冒进的李信遭遇惨败，只得率部突出重围，紧急撤退。

就在这时，在平定嫪毐叛乱之役中功勋卓著的昌平君熊启叛逃到楚国故都郢（今湖北省荆州市城郊），聚众反秦，截断了李信的退路。李信所部再遭重创，只有2000多名轻骑逃回了秦国。

秦军一下子损失了20万人马，秦王政不得不下令暂时停止进军，以待来年积蓄力量再战。

公元前225年春，秦军稍稍恢复些元气，秦王政便当即决定先行灭魏，然后再挥师南下，攻打实力较为强劲的楚国。

这一战略改变是符合当时形势的。当时，燕、赵两国已经基本亡国，虽有余烬，但不足为虑。如果秦军再一举消灭魏国，那么原先的魏、赵、燕三国的土地就能连成一片。这无论对秦国后方的稳定，还是对其军事实力的增加，都是十分有利的。

王翦之子王贲主动请缨，愿意率部直扑魏国都城大梁。秦王政念及自己当初不听王翦的劝告，坚持派李信攻打楚国，致使20万大军全军覆没，心里悔恨不已，正想寻机让王翦复出。如今王贲主动请缨，这无疑是一次拉拢王翦的大好时机。因此，秦王政不但答应了王贲的请求，还亲自出城相送。

（二）

韩、赵灭亡之后，魏国已经处于秦国的三面包围之中了，全然没有了抵抗的资本。此时，魏国国君是魏景湣王之子魏假（生卒年不详，前227年至前225年在位）。魏王假知道自己没有外援，手中也没多少兵力，无法与秦军展开野战，只得将有限的兵力收缩在大梁，固守孤城，苟延残喘。

王贲的指挥风格与其父王翦十分相似，一是善于借助地形，二是爱兵如子，任何时候都想尽办法降低士卒的伤亡。王贲领兵来到大梁城外，将其团团围住，然后便四下察看地形。聪慧的王贲发现，大梁地势较低，而其西北部的黄河、鸿沟之水都在大梁之上。如果掘开大堤，大梁立即就会成为一片泽国。

决议之后，王贲一边令部队将大梁团团围住，一边派人掘开大堤，引水淹灌魏军。结果，王贲率部围困大梁三个月，未损一兵一卒，便逼迫魏王假出城投降。魏国灭亡后，秦王政随即派军平定魏国其余地区，视具体情况设置郡县。

灭魏之后，秦王政又立即将矛头对准了楚国，准备一雪前耻。李信的失败让秦王政冷静下来，后悔当初没有听取老将王翦之言，低估了楚国的军事实力，从而铸成大错。值得欣慰的是，秦王政在关系统一大业的战略性问题上向来都是有错即改的。

公元前224年的一天，秦王政召集几名侍从，要他们马上准备车驾，准备亲自前往频阳向王翦谢罪，请王翦出山。

秦王政一路风尘仆仆地来到频阳。王翦听说秦王政来请自己出山，急忙躺在床上装病。秦王政来到将军府，王翦装作一身病痛的样子，率家人出门迎接。秦王政上前扶起王翦，关切地说：

"老将军大病初愈，不必拘于礼节，快快返回房中休息。"

众人跟在秦王政的背后来到客厅，分列立于两旁。秦王政让王翦坐下，向他谢罪说：

"寡人从前没有听从将军的建议，派李信征伐楚国，才使秦军受辱。如今，楚军在项燕的指挥下逐日西进，已经威胁到我大秦的国本。将军虽有病在身，怎么忍心背弃寡人呢？"

王翦急忙起身，向秦王政深施一礼，说道：

"老臣疲弱多病，狂暴悖乱，希望大王另择良将吧。"

秦王政忙上前扶起王翦，坚持说道：

"为了我大秦的江山，请老将军就不要推辞了！"

王翦略一沉思，回答说：

"大王如果非要以老臣为将，老臣斗胆提一个请求，就是必须给我60万大军。"

战国时代，一次出动60万大军攻伐他国是史无前例之事。即使对秦国这样的大国而言，60万大军也几乎是倾国之兵了。王翦心里有数，既然秦王政亲自到频阳来请自己，他就已经做好了将倾国之兵交给自己的打算。

果然不出王翦所料，秦王政马上就应了王翦的请求：

"好！寡人就将倾国之兵交付将军，一切都按照将军的计谋行事。"

随后，秦王政便拉着王翦与自己登上马车直奔咸阳而去。一路上，君臣两人商议着出兵攻打楚国之事，不知不觉就来到王宫前。秦王政立即下令调拨60万人马归王翦调遣，择日出征。

出征的那天，秦军旌旗蔽天，士气昂扬，秦王政亲自送王翦至咸阳城外的灞桥边上。临别时，秦王政问王翦：

"老将军此去辛苦了，不知还有什么事要嘱托呢？"

王翦回答说：

"为国效力，这是老臣分内的事。不过，臣希望回师后大王能多赐给臣一些上好的田宅园池。"

秦王政闻听王翦向他讨要田宅园池，笑道：

"老将军只管前行就是了。待消灭楚国之后，将军还用担心自己贫困吗？"

"为大王领兵作战，有功终不能得予封侯，所以趁着大王以为老臣还有用的时候，臣不得不及时请示大王赐予田宅园池。臣已经年老了，不能不给子孙留下点儿产业啊！"

秦王政闻言，不禁开心大笑道：

"将军只管领兵前去攻打楚国吧，寡人答应你的请求。"

王翦拜别了秦王政，率领60万大军浩浩荡荡地朝着楚国进发了。秦王政返回咸阳，心中总有一种忐忑不安之感。王翦带走了秦国的倾国之兵，一旦他在外谋反，整个天下就是他的了。秦王政素来多疑，即便是对王翦这样的老臣，他也时刻防备着。然而，想要攻灭楚国，他又不得不按照王翦的计谋行事。

（三）

就在秦王政忐忑不安之时，王翦的使者前来王宫觐见。使者说：

"启禀大王，将军派臣前来是想请求大王，多多赐给将军一些田宅园池。"

秦王政听到使者这样说，心里的不安稍稍减轻了些。既然王翦要这么多东西，就说明他绝无谋反之意。因此秦王政笑道：

"好。你速速回去禀报王将军，就说寡人答应他的请求。"

使者离开王宫后没多久，王翦派的另外一位使者也到了。第二位使者带来的消息与第一位使者一样，都是要秦王政增加给王翦的赏赐，秦王政又大笑着答应了。

一天之内，王翦总共派了五位使者向秦王请求赐予田宅土地，这下秦王政对王翦彻底放心了。

王翦麾下的人见他为请赐田宅一事竟接连五次派出使者，便不解地问：

"将军向大王要这么多田宅，是不是有些太过分了呢？"

王翦笑着回答说：

"不过分。大王素来多疑而不信人，今将倾国之兵都交给我，我不向大王多多为子孙索要田宅立业，大王岂不是要怀疑我？如此一来，大王便知王翦绝无谋反之意，就可以放心了。"

众人听了王翦的回答，都佩服得连连点头。

王翦率大军行军一月有余，终于抵达了前线。王翦在李信面前取出秦王政的兵符，剥夺了他的指挥权，从而获得了指挥全部秦军的大权。

楚王负刍闻知秦王政派王翦率领60万大军前来，顿时乱了手脚。这时，项燕上前安慰道：

"大王请放心，只要燕某一天不死，定然会抵抗到底！"

楚王负刍战战兢兢地说：

"那一切就都交给项将军了。"

于是，楚王负刍将楚国所有的军队都交给项燕，命他前去抵拒秦军。王翦闻知项燕率楚国倾国之兵前来迎战，便下令道：

"就地构筑工事，坚守壁垒，不得出战。如有违军令者，一律斩首！"

王翦手下的众都尉十分不解，但还是遵从将军的命令。连日来，项燕多次命楚军到阵地前沿向秦军挑战，但无论楚军士卒如何辱骂，王翦就是不准秦军走出壁垒迎战。楚军无可奈何，只得次日再来。

这种情况一连持续数日，楚国士卒皆以为秦军怯战了。然而项燕的心里清楚，这是王翦的骄敌之计。一则，秦军远道而来，行军疲乏，立足未稳，而楚军则以逸待劳，占了优势；二则，秦军刚刚遭遇全军覆没的惨败，士气低落，战斗力不强，而楚国刚刚得胜，正是士气高涨之时。如果两军在此时交战，秦军必败无疑。

因此，当楚军将士皆以为秦军不足惧时，项燕的心里却担忧极了。王翦率60万大军前来，这本身对实力相对弱小的楚军就是一种心理威慑。楚军士卒之所以敢近距离地上前挑战，完全是因为刚刚打败秦军的原因。而随着对峙时间的延长，秦军很快就会恢复元气，且胸中的复仇之火也会越烧越旺；相反，楚军获胜后的高涨士气只会逐渐低落。届时，一旦王翦以他那士气高涨的60万大军扑面而来，疲弱的楚军无论如何也是无法抵挡的。

想到这里，项燕的求战之心更加迫切。然而，王翦始终命令士卒坚守不出，这样便渐渐掌握了战役主动权。在两军相峙的日子里，王翦表面上令士卒好生休息，每天好酒好菜，好不惬意。王翦也经常和士卒们待在一起，嘘寒问暖，与他们吃同样的饮食。士卒们见状，无不生感恩之心，一个个都摩拳擦掌，只等将军一声令下，为国杀敌。

与此同时，王翦也在暗地里嘱咐手下的都尉们，一定要加强军事训练，不可轻敌。

两军相持数月后，王翦突然派人到军营视察，问军中是否在进行训练，使者向王翦汇报说：

"各军营中正在练习投石、跳跃。"

"楚军的情况如何？"王翦又问。

"楚军与我军相距不过刚刚超过投石之距,个个都跃跃欲战。"

投石之距是古代的军事术语,即投石机抛重12斤(折合6千克)的石头可以达到的距离,约为300米。王翦见楚军已经逼近到距秦军军营300余米的地方,知道自己的骄敌之计已经成功了,便说道:

"士卒可以使用了。"

就在此时,项燕唯恐两军对峙日久对楚军不利,下令楚军向东移动,想以此来牵动秦军。王翦一声令下,趁楚军拔营之际,秦军以排山倒海之势全线出击,大败楚军,项燕再想回击已经不可能了。结果,楚军遭到了灭顶之灾,项燕带领残部逃到了淮南(今河南、安徽淮河以南地区)。王翦乘势攻破楚国都城寿春,俘虏了楚王负刍。至此,秦军攻占了楚国大片领土,楚国已经名存实亡了。

第十四章　首称皇帝

秦皇帝任战胜之威，蚕食天下，并吞战国，海内为一，功齐三代。

——（西汉）主父偃

（一）

秦、楚两军对峙之时，秦王政忧心如焚，一日派三骑前往前线打探消息。当他闻知王翦攻破楚国都城寿春、俘虏了楚王负刍之时，立即喜形于色，不禁赞道：

"老将军果然不负寡人厚望啊！"

群臣深深一躬，齐声道：

"恭喜大王！"

秦王政得意地笑道：

"此乃秦国之喜、秦人之喜、天下人之喜啊！寡人也应当恭喜众爱卿啊！"

说完，秦王政展开楚国的地形图仔细看了起来，突然他大声说道：

"不好，项燕定会在淮南谋反。熊启这小子跑到淮南，定会被立为新君的。"

大臣听到秦王政的话，面面相觑，纷纷议论道：

"如果真是这样，那该怎么办呢？"

不多时，王翦从前线派来的使者抵达王宫，向秦王政汇报说：

"启禀大王，项燕在淮南拥立昌平君熊启为新君，正在谋划攻秦事宜。"

秦王政思忖一下，说道：

"楚国王室素来不睦，熊启曾在我大秦为官多年，如今被立为新君，他的兄弟们肯定不服。你去告诉王将军，暂且放缓进攻的速度，让熊启和他的兄弟们先打一打，待来年春天我大秦天兵再出征淮南。"

秦王政的判断很正确。当王翦放缓进攻的节奏后，楚国王室内部的矛盾便暴露出来。为争夺王位，昌平君熊启和他的兄弟们互相排挤，局势异常混乱。大将军项燕也因支持熊启而受到诸公子的打击，手中的兵权面临威胁。

公元前223年，秦王政抓住时机，立即命王翦为主将，命蒙武为副将，合力进攻淮南之地。秦军所到之处，楚军望风而逃。昌平君熊启在混乱中被秦军士卒所杀，项燕也在兵败后提剑自刎。随后，王翦又奉命继续攻伐楚国长江以南的领土。

公元前222年春，秦王政又命王翦之子王贲为将，领兵攻打辽东和代郡。燕军已无力阻挡秦军凌厉的攻势，很快便全军覆没。王贲俘虏了燕王喜，随后又挥师西进，顺道灭了盘踞在代郡的赵代王嘉。与此同时，王翦也荡平江南之地，俘虏了楚国属国越国的君主。

消息传到咸阳后，秦王政大喜，连声赞道：

"王氏父子真乃寡人的福将啊！"

至此，秦国已经完全消灭了东方六国中的韩、赵、燕、魏、楚等五国，天下一统在即。秦王政下令普天同庆，在氾水边上举行了盛大的欢庆仪式。除齐国和韩、赵、燕、魏、楚等国的王室成员之外，天下百姓都欢欣异常，纷纷赞颂秦王政的伟大功绩。

对普通百姓来说，秦王政一统天下让他们免受战乱之苦，他们终于可以在和平环境中安心生活、生产了。

秦王政一边忙着庆祝胜利，一边派人赶往前线，吩咐王贲携得胜之师继续南下，一举消灭齐国。齐王建（约前280—前221，前264年至前

119

221年在位）在相国后胜的建议下，领兵防守。

可是，后胜却是个贪官，长期把持着齐国的朝政。可以说，秦王政能够迅速灭掉韩、赵、燕、魏、楚等国，很大程度上都要归功于后胜。他收受了秦国大量的金银珠宝，劝说齐王建对其余五国之事袖手旁观，终于招致了自我灭亡的恶果。

王贲携得胜之师于公元前221年攻破齐国的都城临淄，俘虏了齐王建。在城内，秦军几乎没有遭到任何抵抗。秦王政下令将齐王建流放到共（具体位置不详，可能位于今河南省辉县附近），并在齐地设置了齐和琅邪两个郡。

秦军兵占临淄，标志着秦统一六国之战的胜利结束。至此，长期处于分裂割据局面的华夏大地终于归为一统。秦王政为统一之战的胜利、为大一统政治格局的开创立下了不朽的功勋。

（二）

一统天下的目标实现了，但如何治理这个空前庞大的帝国呢？东方六国刚刚灭亡，王室贵族隐姓埋名，流亡在外者不在少数。虽然天下统一后民心思治，但怀念故国的也大有人在。为了安定天下，秦王政采取的第一个措施就是收缴天下的兵器，让天下人失去谋反的利器。

其实，收缴六国兵器的工作早就在进行了。在兼并战争中，六国庞大的军队都逐一瓦解，但却留下了大量的兵器。六国士兵被遣散之后，兵器也大多流落到民间。秦王政下令，将六国的兵器全部收缴上来，有敢私藏者严惩不贷。收缴上来的六国兵器一部分用于补充部队的消耗，另一部分则全部运回咸阳。待统一战争结束之后，运至咸阳的兵器已经堆积如山。

而今天下已经大定，还要这堆积如山的兵器有什么用呢？在谋士们的参议下，秦王政拟定了处理六国残留兵器的方案，即将这些兵器全部熔铸。当时，铁制兵器所占的比例并不大，大多数仍为青铜兵器。

铁制兵器熔铸后可打造成各种农具，供各级政府出租给农户使用；而堆积如山的青铜兵器一时却派不上用场。

于是，有人提议将这些青铜兵器熔铸成巨型铜人像，以象征天子的威仪，又可以向天下人宣示兵戈永不再用，永享太平。秦王政采纳了这一建议。据说，秦王政将这些青铜兵器熔铸成了12尊巨大的铜人，后来就摆放在新宫殿阿房宫正殿的门前。

秦王政安定天下的第二个措施便是将六国的富豪全部西迁到咸阳。所谓富豪，指的豪强巨富，其中包括六国贵族、富商大贾等。在统一六国的过程中，六国的富豪们虽然没有公开抵抗秦军，但他们的存在对秦王政却是一个巨大的威胁。因为他们对百姓具有强大的号召力，而且手中又有钱。一旦谋反，天下将再次陷入混乱之中。

但正因为他们不公开与秦军对抗，秦王政找不出理由法办他们，也无法剥夺他们的财产。后来，他从吴起在楚国变法的经验中受到启发，决定"令贵人往实广虚之地"。所谓广虚之地，就是指空旷、荒芜的地方。

于是，统一之战刚刚结束，秦王政便下令将六国旧贵族强行迁至咸阳。首批被迁徙的豪富总数多达12万户，此后，这种大规模的迁徙活动又进行了多次，被强行安置到秦国腹地的富豪多达20万户。

秦王政的这些措施虽然在一定程度上损害了百姓的利益，耗费了不少钱粮，但却为国家的统一作出了巨大的贡献。从历史发展的角度而言，这些政策是进步的，也是符合广大人民利益的。

可以说，第一次统一中华大地，这样的功勋是无与伦比的。在众人的称颂声中，秦王政也飘飘然起来。他认为，与自己的功勋相比，"王"的称号已经不足以彰显他的威仪了。因此，在国家初步稳定之后，秦王政便开始召集群臣讨论自己的称号问题。这就是历史上著名的"议帝号"。

在先秦时期，"王"本来就是天下最尊严的称号，是天下的主宰者，即世俗社会最高级人物的专称，所以人们又把王叫做"天子"；而王则自称为"寡人"，即唯一的一人。不过，到了战国时期，由于各国诸侯相继称王，在名号上与周天子都并驾齐驱，因此"寡人"也就不再"寡"了。

公元前4世纪末期，战国七雄鼎立之势已经形成。当时，齐、魏两国的实力最为强大，赵、秦等国次之。公元前334年，魏国国君魏莹（前400—前319）率领韩国等小国的君主来到徐州朝见齐国国君田因齐（前378—前320），尊其为王，史称齐威王（前356年—前320年在位）。

在此之前，只有周天子才可以称王，而周天子分封的诸侯只能依据爵位的高低称公、侯等。所以，齐威王之父齐桓公虽然功勋卓著，但也只能称"公"而非"王"。秦惠文王之父秦孝公任用商鞅主持变法，对秦国的发展作出了巨大的贡献，也只是称"公"而非"王"。齐威王不敢冒天下之大不韪，独自称王，也尊魏莹为魏王，史称魏惠王（前369年至319年在位）。历史学家将这一事件称为"徐州相王"。

后来，秦国、韩国等国的国君相继称王，甚至连一些小国的君主，如中山国、宋国等，也纷纷采用了"王"的称号。于是，秦王政在统一天下后对"王"的称号产生了不满。

（三）

在先秦时期，学者将人类社会的发展史划分为三皇、五帝、三王等三个历史时期。当时的学者普遍认为，自盘古开天辟地之后，首出治世的是天皇，承接天皇的是地皇，地皇之后是泰皇。由于三皇时代荒远，人们说不清楚，也无法确定三皇到底是谁，只是出于对古代领袖的敬仰，便以"皇"称之，表示"大""始"的意思。

从"皇"字的造字源头来看，这个字本身就具有至高无上的意义。"皇"字下面的"王"字是音符，上面的"白"字原来是"日"字顶上有三道光芒，表示太阳的光芒万丈。

先秦时期的人们认为，继三皇之后的五帝时期也是人间治世。一般认为，五帝是指黄帝、颛顼、帝喾、尧、舜等五人，这5个人都是上古时期著名的部族领袖。

当时，"天下为公，选贤与能，人不独亲其亲，不独子其子"。也就是说，当时的政治制度是共和制，领袖是由选举产生的，而不是世袭的，史学家将这一独特的政治制度称为"禅让制"。比如在尧死后，帝位不是由其子丹朱继承，而是选舜为帝；舜死后，帝位也不传与其子商均，而是选定了治水有功的大禹。他们都是与民有功的人，所以人们敬仰、爱慕他们，尊称他们为"帝"。帝的受义根源也是从"日"字而来的，"帝"是"日"的别名。所以，无论是三皇还是五帝，都是人们用太阳来赞美领袖的尊号。

大禹死后，其子夏启破坏了禅让制。夏启杀了大禹指定的继承人伯益，夺取了帝位，建立了夏朝，开始了家天下的时代。夏启说自己是按照上天的意志行事的，于是就出现了"天子"一词。

由于"王"字是由斧钺图形简化而来的汉字，象征着征伐杀戮的大权，因此人们便用"王"代替了"帝"，用来称呼人间的最高统治者。从此之后，人们就把社会上最具权威的人物称为天子和王了，夏、商、周三代的君主莫不如此。所以，人们便把夏、商、周三朝称为三王时期。

从"皇""帝"和"王"三个字的字源意义可以看出，这三个称呼在当时并没有高低之分和尊卑之别。"皇""帝""王"都是对最高统治者的尊称，只不过前两者是人们自然而然产生的景仰，后者则是在权力威慑下产生的敬畏。

不过，由于国人的崇古思想严重，以为时代越久远，首领就越有尊严、越神圣、越有权威。秦昭襄王曾因秦比东方六国强大，而与齐闵王互尊为帝，秦昭襄王称"西帝"，齐闵王称"东帝"。不过，这两个帝号只用了几天，便因为诸侯们的反对而取消了。

如今，秦王政统一天下，其功勋自然比曾祖父秦昭襄王更大。于是，他便循着秦昭襄王的路子，开始从"帝"字上找尊严、找权威、找神圣了。"议帝号"的诏令下达之后，群臣便开始与博士们商议起来。

经过一番商议，丞相王绾、御史大夫冯劫、廷尉李斯等人认为，秦王政"兴义兵，诛残贼，平定天下"，功绩"自上古以来未尝有，五帝所不及"。他们援引传统的尊称，说"古有天皇，有地皇，有泰皇，泰皇最贵"，建议秦王政采用"泰皇"头衔。

但秦王政对此并不满意。既然自己的功勋"自上古以来未尝有"，那么就必须居于一切人之上，用"泰皇"为号虽然尊贵，但那样不是还有个泰皇与之并列吗？于是，秦王政便下令，要求去泰著皇，采用上古帝位号，称为"皇帝"。

"皇帝"名号的既是无上崇高的，又是德兼三皇、功过五帝的，这样才能与秦王政的功勋相称，才能使他的业绩传颂后世。从此以后，"皇帝"一词就取代了"王"而成为最高统治者、主宰者的尊号了，在中国封建社会一直延续了2000多年。

由于秦王政幻想着将自己打下的江山世世代代传递给自己的子孙，便自称"始皇帝"。以后，他的子孙便称"二世皇帝""三世皇帝"，乃至"万世皇帝"。从此，秦王政便有了一个尊号——秦始皇。

为了表示对父亲秦庄襄王的尊重，秦始皇又尊其为太上皇。"太上"就是最高的意思，"皇"当然是指"三皇"。也就是说，秦始皇给了他父亲秦庄襄王一个皇号中最崇高的称号，但却没有给他"帝号"，以此来表示自己是自古以来天下独一无二的尊者。

帝号确定了，秦始皇又下令以"朕"这个字作为皇帝的自称之词。"朕"原本之意为"我"，是一个不分贵贱高低、人人都可使用的词语。不过，自从秦始皇选中它之后，这个字便变得独尊起来，从此就只有皇帝一个人可以使用了。此外，秦始皇还规定，皇帝的出命改作"制"，将皇帝所下的令改作"诏"。

尊君就必须抑臣。秦始皇又规定，臣下给皇帝上书或向皇帝报告事情，称之为"奏"；奏书上要先说"昧死"，即昧死而言，以表示群臣在皇帝面前要战战兢兢，俯首行事。

对百姓，那就更得降低了，秦始皇找了一个与"皇帝"日光四射相对应的词——"黔首"来称呼百姓。"黔"即黧黑之意，"黔首"就是面目黧黑之人。

第十五章　中央集权

　　秦之所以革之者，其为制，公之大者也；公天下之端自秦
始。非圣人意也，势也。

——（唐）柳宗元

（一）

　　建立了从中央到地方一整套严密的统治机构，再加上实施了"车同轨、书同文"，大秦帝国无论是在疆域上，还是在思想文化上，都实现了大一统。

　　据《史记·秦始皇本纪》记载，此时秦朝的疆域"东至海暨朝鲜（今朝鲜），西至临洮、羌中（今甘肃甘南一带），南至北向户（今越南中部），北据河为塞，并阴山至辽东"。此时，大秦帝国的疆域至少比西周时期各诸侯国的总面积大5倍以上，为中华民族的发展奠定了坚实的基础。

　　新王朝的建立工作已基本结束，始皇帝便开始"巡狩"天下了。所谓巡狩，也叫省方，原是指天子对地方诸侯的巡视，并以此来考察民风和诸侯之地的为政情况，以使上情下达、下情上通。在五帝时期，天子巡守便已成为一种传统。因此，巡狩不但是天子的一种职责，也是天子统治天下的一种象征。

　　公元前220年，即一统天下的第二年，始皇帝进行了第一次出巡。

始皇帝的车驾从咸阳出发后，向西北方向而行，首先来到北地郡。

北地是秦惠文王和秦昭襄王时并吞的义渠之地。义渠是古西戎之国，或称义渠之戎。义渠国曾经十分强大，一度与秦国、魏国抗衡，并参与了中原纵横争霸之战，成为雄据一方的少数民族强国。秦昭襄王消灭义渠国之后，便设立了北地郡，郡治义渠县（今甘肃省庆阳市西南），义渠之民也逐渐融入到中原的华夏族当中。

离开北地郡后，始皇帝又西行出鸡头山（今宁夏隆德东），折向西南，来到陇西郡。

陇西是秦朝的发祥地。秦朝王室的先祖非子，因为给周孝王养马有功而被封于秦邑（今甘肃省张家川）。这秦邑就在陇西郡内。

北地郡和陇西郡既是秦国的后方，也是西部的边境，由此往西便是古代的少数民族戎狄杂居之地了。由此看来，秦始皇此次巡行，既是寻根问祖，也有视察和安抚巩固后方之意。也正因为如此，始皇帝此行并没有做出什么重大的决策。

出巡数月之后，秦始皇的车驾便从陇西东返到回中（今陕西省陇县西北）。回中有秦的行宫，叫回中宫。一行人马在回中宫休息数日后，便又启程返回都城咸阳。

秦始皇在西巡的一路上都没有什么举动，然而他一回到咸阳，马上就下令在渭水之南兴建了一座新的宫殿。

历代帝王似乎对大兴土木都情有独钟。早在一统天下的期间，始皇帝就开始大兴土木。据《史记·秦始皇本纪》记载，始皇帝每消灭一个诸侯，便在咸阳以北地区缩建其宫室，将各国诸侯的妻室和金银珠宝全部置入其中。始皇帝这样做的目的十分明显，就是为了向天下炫耀他炳彪千秋的功勋。

这次修建新宫殿的目的也不外乎彰显功绩，向天下人展示"唯我独尊"的权柄。那么始皇帝又为什么要将新宫殿建在渭南呢？这是因为秦朝的新宗庙及章台、上林苑等都位于渭南，那里是当时天下的中心。

刚开始，新宫殿被命名为"信宫"，但建成时则改成了"极庙"，以比为"天极"。所谓"天极",是天心的中央,即相当于北极星的位置,也叫北辰。古人认为,此处是太一神居住的位置,因此又称为中宫天极,而太一神是天上最高的神即天帝的别称。这就看得出来,秦始皇是要处处神化自己,天帝居天极,那么自己自然要居于"极庙"了。

秦始皇不仅在渭南兴建了"极庙",还对咸阳进行了规划,下令修建了一条自极庙通往骊山的大道,又在这座宫殿中建造了甘泉前殿及一道有护墙的甬道,跨渭河与原来的咸阳宫相连。如此一来,咸阳宫也被纳入新规划的整体宫殿系统中来。咸阳宫的规模扩大了,也变得更加庄严神圣了。

<h1 style="text-align:center">(二)</h1>

公元前219年,秦始皇命车驾出关,巡行帝国的东南地区,封禅泰山。与前一次巡守不同,始皇帝这次要去的是刚刚并入帝国版图不久的新领地。为了向新臣民们展示皇帝的权威,秦始皇对这次出巡作了精心的策划与周密的安排。

据说,始皇帝的车驾仪仗兼收东方各诸侯国车驾仪仗的特点,不但十分威武,而且还很舒适。始皇帝此次出巡动用了最高的规格的车驾,即81乘车驾,由公卿奉引,太仆御、大将军参乘。随行官员有列侯武城侯王离、列侯通武侯王贲、伦侯建成侯赵亥、伦侯昌武侯成、伦侯武信侯冯毋择、丞相王绾、丞相李斯、卿王戊、五大夫赵婴等11人。随行的其他官员如尚书、御史等,也不在少数。由于此次东巡秦始皇拟定到泰山封禅,因而车驾规模之大、随行重要官员之多,都非以前的天子巡狩天下所能比拟的。

一切准备就绪之后,浩浩荡荡的车队便沿着渭水南岸的"华阴平舒道"向东而去了。华阴平舒道宽50步(约合今69.3米),每隔3丈(约合今6.3米)种一棵青松,车驾行在其上,不但平稳,速度也极快。始皇帝一行很快东出函谷关（今河南省灵宝市），来到了原先东方六国的土地。一路上，始皇帝车驾所到之处，郡县官员都会提前安排好食宿，地方上的文武百官也会随时向秦始皇"奏事"。

车队通过函谷关后，继续沿驰道东行，路经洛阳，到达了今山东邹县东南的峄山。峄山在邹县北（在今邹县县城东南），峄邑便是以峄山命名的。峄山东西长10千米，有高峰独出，耸入云端。作为封禅泰山的前奏，始皇帝一行登上了这座高耸云端的山峰，并令丞相李斯用大篆字体刻石于山岭，名曰"昼门"。

当时可能正处于盛夏之季，天气酷热，始皇帝一行就在山中避暑。齐鲁大地的儒生们也奉诏来到峄山之山，向始皇帝献计献策，安排封禅泰山事宜。在此期间，李斯还在峄山之上刻了一篇歌颂大秦功德的碑文。可惜的是，这座石碑在南北朝时期被北魏太武帝登峄山时推倒了。不过，因李斯的小篆盛名遐迩，碑虽然倒了，但慕名前来摹拓的文人墨客、达官显贵仍络绎不绝。当地官民因常疲于奔命送往迎来，便聚薪碑下，将其焚毁，从此不可摹拓。后世曾根据拓本翻刻了多块石碑，现存的石碑是元朝时期翻刻的。

所以，峄山刻石虽然已经在历史的烟云中湮没了，但其内容却流传了下来。峄山刻石一文大意是说，西周时代分封诸侯，导致了天下大乱，"流血于野"；而惟有始皇帝的统一天下，才带来了"兵不复起，灾害灭除，黔首康定"的局面。这篇石刻文是为始皇帝歌功颂德的。

一切计议已定，始皇帝便率领群臣登顶泰山，准备行祭天之礼。据说，秦始皇一行来到泰山半山腰之时，突遇暴风骤雨，而四周却没有可以避雨的地方。群臣站在风雨中，面面相觑，不知所措。突然有一名大臣说道：

"启奏皇帝，旁边有一棵大松树可以遮风挡雨。"

始皇帝一看，大松树长得十分繁茂，的确可以遮风挡雨。始皇帝便移步来到树下，果然好多了。不多时，暴风骤雨便停了下来，始皇帝愁眉一展，立刻在百官面前兴高采烈地称赞道：

"大松树为朕遮风挡雨，功勋不小。传朕旨意，上封松树为五松大夫！"

文武官员一听，都非常凑趣地高呼道：

"皇帝万岁，万岁，万万岁！"

封松树为大夫，这也算上是始皇帝封禅泰山途中的一件风雅之事。据说，今泰山腰的五松亭就是秦始皇当年封禅的避雨处。

祭天完毕后，始皇帝又命李斯撰文，刻石立于山巅，以记录这一天的事件。时至今日，始皇帝命李斯刻于泰山山巅的文字仅存10个字，而且还可能不是当年的真迹。下山后，始皇帝又在梁父（今山东省新泰县西）举行了禅礼。

自登上皇帝之位以来，秦始皇对五德终始学说甚感兴趣，意在宣扬自己是受命于天的真命天子。泰山封禅则是宣扬受命于天、皇权神授的最好形式，他怎能不为此而志得意满呢？

在禅于梁父举行祭地仪式之后，秦始皇又命人立石刻词，让李斯用大篆手书刻石之文。秦始皇在此后的诸多次巡游刻石，皆用大篆字体，以示庄重。梁父石刻与峄山石刻一样，也是为秦始皇歌功颂德的。此后，始皇帝巡行全国所留下的诸多刻石文辞基本上都没有离开这一主题。

（三）

泰山封禅之后，始皇帝一行继续在齐鲁大地巡视。他们巡视的路线大致是从临淄东行到沿海，经黄（今山东省黄县）、腄（今山东省烟台市福山区），登之罘（今山东省烟台市北），上成山（今山东省荣成市），然后沿海西折到琅邪（今山东省诸城市东南海滨）。在这些地方，始皇帝又一一礼祠东方人民所信奉的神祇。这说明，始皇帝在文化上采取大一统政策的同时，也没有忽视各地文化的差异性。

　　这次东巡的另外一大收获就是始皇帝第一次看到了大海。巡海礼神，一路风光，秦始皇来到了琅邪驻跸。琅邪之地滨于海畔，原是东夷、淮夷所居地方，从西周以至春秋尚未知名。后来，越王勾践灭吴，北上中原称霸，徙都于琅邪，并在该地修造了一座观海台。越王勾践曾站在台上，以霸主的身份号令天下诸侯尊崇周天子。

　　然而，越国虽一时称霸，终是根底不足，犹如流星一般在历史上一闪而过。勾践死后，越国便在中原失去了影响和位置。后来，越国被楚威王攻破，归附了楚国。勾践的霸业空留一座琅邪台，也渐渐被人遗忘了。

　　秦始皇来到琅邪之时，昔日琅邪台的盛景早已不再。或许是想到了勾践昔日的霸业，抑或是被海滨风光所吸引，始皇帝在琅邪流连3个多月。他还下令迁徙3万户到琅邪台下，以免除12年租税的优惠条件让他们在这里定居，以供奉琅琊行宫和观海台的用度。

　　忽然有一天，一个名叫徐市的方士求见始皇帝。徐市就是徐福。据说徐福博学多才，通晓医学、天文、航海等知识，且同情百姓，乐于助人，因此在沿海一带的民众中名望颇高。据说，徐福是鬼谷子先生的关门弟子，学辟谷、气功、修仙，兼通武术。

　　先秦时期，修仙之术盛行，许多人都相信长生不老的传说，秦始皇也未能免俗，也在苦苦寻求长生不老之药，以求长生，永久地统治着他缔造的大秦帝国。因此，当他听说徐福前来求见之时，立即宣其觐见。

　　徐福向始皇帝行了大礼之后，便呈上了早已准备好的奏章。这位徐福不知道是真的相信海上有仙山和长生不老之药，还是为了求得荣华富贵。他在奏章中说：

　　"渤海中有蓬莱、方丈、瀛洲三神山，山上的宫殿都是黄金白银制作的，山上住着仙人。仙人有不死药，可以长生不死。"

　　始皇帝在巡海时已经听当地的官员说起过仙山的传说。人们纷纷说，三神山远望就像在云端里，等靠近了才看清三神山原来在水中。人要想靠近上去，则三神山又被风引走了。用今天的科学知识来看，人们口中所说的"三神山"就是海市蜃楼的景象。但古人并不知道这是光线的折射现象，遂被这种虚无缥缈的奇异景象所迷惑，以为渤海中真的有仙人居住。

齐威王、齐宣王和燕昭王等诸侯还曾专门派人到海上去寻找仙山，但最终什么也没找到。不过，有人却谎称他们到过三仙山，获得了不死药。有的方士还向世人谎称自己已经几百岁，甚至上千岁了。在那个蒙昧的时代，虽然有人对这些谎言表示怀疑，但深信不疑者也不在少数。

秦始皇比齐王、燕王的权力大得多，架势也气派得多。齐威王、齐宣王和燕昭王找不到，不代表他这个亘古以来的第一王者找不到。于是，他立即将徐福叫到面前，神秘兮兮地问：

"如何才能找到仙山，取得不死之药呢？"

这徐福也不含糊，当即将他修仙的那套术语和仪式向始皇帝说了一遍。什么沐浴洁身、敬诚斋戒、选取童男童女和送给仙人的财宝礼物等，说得活灵活现。始皇帝越听越相信，越觉得自己有长生不老、永掌大权的可能。因此，他立即下令道：

"一切按照徐爱卿所说的办，择日出海寻找仙山。"

几天之后，当地的官员便为徐福准备好了大船数艘、金银财宝无数和数千童男童女。徐福就带着这些东西下海求仙人去了。这徐福可能真的出海寻仙山去了，也可能带着大量的金钱和人口到某处享受生活去了。总之，徐福一去数年都毫无音讯。

始皇帝在琅邪苦苦等待徐福归来，可怎么都等不来，便只好带着些许留恋和遗憾离开了琅邪台，车驾沿海滨的驰道，直奔西南而行。他一路经东海郡的郡治郯（今山东省郯城西）、彭城（今江苏省徐州市）来到长江边上，乘大船沿长江而上，取道湘山祠（今湖南省岳阳县西），想要登临衡山。但因在洞庭湖上遇到了大风浪，险些丧生，始皇帝巡游的兴致大大降低。因此，他取消了继续南行登临衡山的预定计划，命车驾取道郢、安陆（今湖北省安陆）、商南（今陕西省商南县）、武关（今陕西省丹凤县东），返回了咸阳。

传说，始皇帝第一次东巡时曾到过"天尽头"（今山东威海成山头）。他登临成山时，这里的松树高大挺拔而茂密，妨碍了他观日的视线。始皇帝大怒，立即下令将松树斩草除根。从此之后，这里的松树再也不敢长高了，都长得七零八落，又矮又小。

第十六章　巡视西北

明法度，定律令，皆以始皇起。

——（西汉）司马迁

（一）

除了称"皇帝"之外，秦始皇还在称谓方面做了很大的改革，如废除古代的谥法制度，避讳尊者之名，规定皇帝所用之物的形制和名称等。最为人所熟知的，就是始皇帝将"玉玺"规定为皇帝专用。在秦以前，民间皆以金玉为玺，上有龙虎兽钮，并没有很严格的等级划分。但自始皇帝以后，玉玺便成为皇帝的专用信物，臣民不得再以玉治印，也不得称玺了。

按照水德终数为六的说法，始皇帝为自己准备了所谓的"乘舆六玺"，即皇帝行玺、皇帝之玺、皇帝信玺、天子行玺、天子之玺、天子信玺。除此之外，还有所谓"传国玉玺"。

据《韩非子·和氏》记载，春秋时期的楚国人卞和在荆山（今湖北省南漳县荆山）采玉时发现一只凤凰落在一块青石之上，他便将这块璞玉搬回都城，献给楚厉王。

楚厉王叫玉工前来辨识，不识货的玉工说那块璞玉只不过是一块普通的石头而已。楚厉王大怒，说卞和犯了欺君之罪，命人砍去了他的左脚。

后来，楚武王即位，卞和再次献玉，玉工们又一次冤枉卞和。这一次，卞和又被砍去了右脚。

楚文王即位后，年老的卞和抱着这块玉在荆山下号啕大哭。楚文王知道来由后，叫人将卞和的石头剖开，果然雕琢出一块稀世宝玉，世称"和氏璧"。

楚威王时，楚国大将昭阳在灭亡越国的过程中立下大功，得赏"和氏璧"。有一次，昭阳出游赤山水潭，在潭畔高楼宴请宾客，拿出"和氏璧"来让众人鉴赏。突然，潭中跃起一条大鱼，足足一丈多长，还带来了各式各样的小鱼。众人觉得稀奇，都到水边看鱼，等到回到房间时却发现"和氏璧"不见了。昭阳怀疑是门人张仪偷的，对张仪严刑拷打，导致张仪背楚入魏，后来又到了秦国，成为楚国的死敌。

多年后，和氏璧突然出现在赵国的首都邯郸，并辗转落入赵惠文王的手里。秦昭襄王知道这件事后，就给赵惠文王写了封信，说愿意用15座城池交换和氏璧，从而引出了一段蔺相如"完璧归赵"的故事。此后，"和氏璧"长期保存在赵国的宫廷中。秦军攻破邯郸之后，"和氏璧"便顺理成章地落入始皇帝的手中。

确定帝号之后，始皇帝便拿出这块价值连城的美玉，命李斯写了"受命于天，既寿永昌"八个虫鸟篆字，又令玉工孙寿将字雕刻在玉上，制成传国玉玺。后来，这块玉玺便成为历代王朝正统的象征。可惜的是，这块玉玺在传世过程中不知所踪，但这些都是后话了。

除玺印外，服饰也是标志天子等威的重要组成部分。春秋战国，礼崩乐坏，周天子地位日益低下，诸侯和卿大夫遂"奢僭益炽"，"竞修奇丽之服，饰以舆马文络玉缨象镳金鞍以相夸"。始皇帝攻灭六国、兼并天下后，自然不容许这种现象再继续下去，于是便慢慢制定了严格的服饰制度，以标识等级，区分贵贱。

秦始皇所制订的冠服制度基本是对前代冠服制度的继承，但有所不同的是，等级思想较以前更为森严，后世制度只是对秦制的照抄。在秦的冠服制度中，冕是最高级制的服制，与衮服配套，只有在正旦、冬至、圣节、祭社稷、祭先农、册拜大典时才能穿用。

通天冠则是皇帝的常服，冠高九寸（折合30厘米），正竖，顶稍斜，直下，以铁为卷梁，前有卷筒。类似这样的服饰，臣民是绝对不能穿用的。

除此之外，始皇帝还改定了历法，即确定一年的起始和终止时间。始皇帝根据《终始五德传》，认为秦是代周而有天下，而周人是秉五行中的火德而得到天下的，那么，秦代周就必然是水德，因为水能克火。根据这一理论，始皇帝确定以正朔岁首是冬季的第一个月，即十月为岁首。

始皇帝的这些改革，在今天看来虽然难免有些不合理的成分，但它们在当时却使始皇帝在文化和法理上获得了统治天下的正统地位，对维护中华大地的统一起到了十分重要的作用。

（二）

始皇帝对中华民族所做的另外一大贡献就是取消了自周朝以来的分封制，以中央集权的郡县制代之。

公元前221年的一天，始皇帝召集群臣商议国事。丞相王绾出列，向秦始皇建议说：

"启奏皇帝，诸侯新近才灭，燕、齐、楚的地方遥远，不在其地设置侯王，不足以镇抚这些地方，请分封皇子为王。"

分封制是西周普遍采用的一种基于宗法制的政治制度。根据分封制的规定，周天子居于至高无上的绝对支配地位，其王位由嫡长子世袭继承，其他庶子则作为小宗被分封为各地诸侯。这些诸侯的封号也是由其嫡长子世袭继承，其余庶子再作为小宗分封为卿大夫。卿大夫的封爵也由其嫡长子世袭继承，其余庶子则再作为小宗分封为士。西周的分封制并不是只封王室成员，贵族和功臣也有机会分得领地。

如此一来，西周便在宗法制和分封制的影响下，形成了天子、诸侯、卿大夫、士等各级宗族贵族组成的金字塔式等级制机构。各个等级之间的相互关系，既是大小宗关系，也是上下级关系。天子在诸侯领地内并没有直接的权力，但诸侯必须定期向周天子朝贡，或者服劳、兵役等。

始皇帝听了王绾的建议，脸色微变，大声说道：

"将丞相的奏议发下去，让群臣讨论。"

西周的分封制在初期确实具有进步意义，对国家稳定起到了很大的作用。但随着时间的推移，各诸侯之间的血缘关系越来越远，相互攻伐的现象也就不可避免地出现了。可以说，分封制是战国时代天下大乱的根源之一。更何况，如果采取分封制，始皇帝的权力必然会受到一定程度的削弱。

由于史籍记载不详，现在已经无法知晓始皇帝的后宫究竟有多少妃嫔，也无法得知他具体有多少子嗣。根据现有资料推测，始皇帝至少有20多个儿子。除了嫡长子之外，如果将20多个儿子全部分封为诸侯的话，大秦帝国一半的领土都可能脱离中央政府的管辖。届时，始皇帝面临的又将是一个新的分裂局面。因此，当王绾提出让始皇帝分封诸皇子为诸侯时，始皇帝从内心是十分不情愿的。

受到传统思维的影响，群臣大多认为王绾的建议是合理的，始皇帝应该分封众皇子。正当始皇帝要发火时，廷尉李斯站了出来，向始皇帝说道：

"启奏皇帝，周文王、周武王分封了很多子弟，然而到后来亲属关系都疏远了，众多诸侯也互相攻击起来，如同仇敌一般。结果，诸侯之间互相讨伐，甚至连天子也没有能力禁止。如今海内统一，皆为郡县，对皇子和功臣，国家如果用赋税来重赏他们的话，就很容易控制，这样天下也就不会再存有二心了。臣以为，这才是安宁国家的方略，再设置诸侯对国家是不利的。"

始皇帝听了李斯的话，赞誉说：

"爱卿所言甚合朕意。天下百姓已经被无休止的战争所苦很久了，这正是因为有侯王存在的缘故。依赖祖宗神灵的保佑，朕总算平定天下，使百姓从此免于战乱之苦。如果再重新立国，岂不又要树立兵祸？如此一来，想要天下安宁就更是难上加难了！廷尉的意见是对的，请众爱卿不要再提分封之事了。"

始皇帝取消分封制，其主观上到底是为了独掌大权，还是为了天下的安宁，我们不得而知，但他所采取的措施确实在客观上维护了国家的统一与稳定。

（三）

在李斯的建议下，始皇帝在全国确立了郡县制，从而建立了从中央到地方庞大的官僚统治机制，使大秦帝国成为中国历史上第一个中央集权的王朝。

秦国的郡县制是商鞅变法以后确立的。不过，商鞅的郡县制还是"集小乡邑聚为县，置令、丞，凡三十一县"，这时只有县、乡两级。到秦惠文王时，由于兼并四邻，土地日益扩大，因而设郡，建立了郡县乡三级。

到始皇帝一统天下之后，大秦帝国的土地空前广大，原先的郡、县、乡三级行政机构已经无法满足统治的需要了。于是，始皇帝便命令各级行政机构按照人口、土地等情况在郡下设县，县下设乡、亭，乡下设里。乡、亭属于同一级行政机构，里从严格意义上讲并不是一级行政机构，而是类似于今天的行政村，是百姓的自治组织。

始皇帝实行的郡县制对中国后世影响巨大。我国今日实行的省、县、镇（乡）三级行政机构，便是从秦朝的郡县制脱胎而来的。公元前221年，始皇帝根据各地的人口和土地情况，将天下划分为36郡。

在地方的行政机构中，郡设郡守，治理地方事务；设郡尉掌管军事；设监御史监督地方官的执政情况。县设县令治理地方事务，乡有三老掌管教化，亭有亭长，里有里宰。另外，从中央到地方的各级官吏又设置了多种佐助僚属官吏，从而建成了庞大的郡县制的社会官僚机构。

137

下一级行政长官要向上一级行政长官负责，郡守则直接向中央政府，即朝廷负责。朝廷是大秦帝国的最高权力机关。"朝"是指宫内皇帝朝见百官、商议并决定国家大事的朝堂；廷是指宫外国家各职能部门的办事机关，也称为外廷。朝廷的首脑是皇帝，他凌驾于法律之上，享有至高无上的权力，对国家一切事务拥有最终的决定权，这就是所谓的"天下之事大小皆决于上"的道理。

直接隶属于皇帝之下的中央政府，即所谓"外廷"，是国家最高的行政机关，其最高长官为丞相、太尉、御史大夫。大秦帝国设置左右两名丞相，"掌丞天子，助理万机"，为文官之首，是中央政府中的最高行政长官，在皇帝的直接领导下，负责处理国家日常的一切行政事务。由于李斯在建立郡县制等方面功勋卓著，始皇帝便任命他为帝国丞相。

太尉为武官之长，是中央政府中的最高军事长官，在皇帝的直接领导下，负责处理国家日常的一切军事事务，战时拥有领兵作战的权力，但调兵权则直接归属于皇帝。

御史大夫主管监察百官，"掌副丞相"，又"掌图籍秘书"，相当于秘书长的职务，往往比丞相、太尉拥有更大的实权。

丞相、太尉、御史大夫直接对皇帝负责，位在皇帝一人之下，居百官之上，合称"三公"。"三公"之下设有"九卿"，分管中央政府的不同职能部门，大致相当于今天的"部"，分别受丞相、太尉、御史大夫的领导，并直接听命于皇帝。

从此之后，中央集权的君主专制制度便在中华大地上确立了。

从有效地行使国家职能的角度来看，大秦帝国的中央政府在中国政治制度发展史上，乃至在世界其他一些国家政治制度的发展史上，都是有所贡献的，堪称是一个时代性的里程碑。

（四）

秦始皇对中国文化和经济发展也做出了巨大的贡献。在统一六国的当年，始皇帝便颁发了"一法度衡石丈尺、车同轨、书同文字"的诏书，"车同轨""舆六尺"（折合2米）便是其中的内容之一。

"一法度衡石丈尺"的意思，简单地说就是统一度量衡。在战国时期，各国的货币、重量、长度等单位并不统一，每个诸侯国都有自己的规定，这无疑给各地的经济交流与发展带来了障碍。秦统一天下后，币制和度量衡的混乱状况更不符合经济发展的客观需要。

正是在这种历史背景下，秦始皇在统一六国后不久便下达了统一货币和度量衡的法令。法令规定：用方孔的半两圆钱取代以往一切形制的铜币，使方孔圆钱成为流通领域中唯一一种铜币形制。

秦始皇统一货币的这一行为，消除了秦帝国各地区之间在币制上存在着的严重不统一状况，减少了货币流通中的不必要换算，为货币的使用提供了方便，对于商品交换和经济交流无疑是一项有利的改革。

更为重要的是，大秦帝国发行的方孔圆钱便于用绳子穿起来携带，比战国时期各诸侯国发行的那些奇形怪状的货币更易于携带，也更加实用。从此，方孔圆钱便为后世所沿用，足足影响了中国数千年。直到清朝灭亡之后，这种铜质制钱才退出历史舞台。

始皇帝统一天下之前，各国的度量衡在名称、计量单位和进位制上也不一致，甚至一国之内也存在多种计算方法。在战国七雄之中，唯有秦国在商鞅变法时就在国内进行了统一度量衡的工作，对度量衡器的标准有了统一的法律规定。

当时，秦国的度量衡是相对统一的。在度制方面，以寸、尺、丈、引为单位，其进位制度是十进位制，10寸为1尺，10尺为1丈，10丈为1引。在量制方面，以龠、合、升、斗、桶（斛）为单位，基本上是十进位制，即2龠为1合，10合为1升，10升为1斗，10斗为1桶（斛）。在衡制方面，以铢、两、斤、钧、石为单位，其进位制是：24铢等于1两，16两等于1斤，30斤等于1钧，4均等于1石。

今天看来，秦国的度量衡也有很大的缺陷，但这在当时已经是非常先进了。秦始皇统一六国后，便通过颁发诏书的形式，下令将秦国的度量衡制在大秦帝国全境之内推行，废除山东六国原有的所有度量衡器。度量衡的统一对国家经济的发展和各地的经济交流都起到了十分重要的作用。

"车同轨"是指统一车辆的规格和官道的宽度。"轨"是指车两轮之间的距离。战国时代的车轨距离并不统一，各诸侯国对"轨"的长短也都有自己的规定。秦帝国以法令规定车辆两轮之间的距离以6尺为度，这就使通行在秦帝国各条道路上的车辆在车宽上有了统一的规定。始皇帝还命人以咸阳为中心，修建了四通八达的交通网，可以直通全国各地。

"书同文"是指统一文字。战国末期，各诸侯国之间乃至一个国家的内部，文字形体上的差异都很大，即所谓"文字异形"。同一文字在不同的地方便有不同的写法，这非常不利于各地之间的文化交流。为此，始皇帝在统一天下后，便下令废除原先东方六国的文字，统一使用秦国的"小篆"。

小篆是由"大篆"（又称"籀文"）演化而来的。同大篆相比，小篆在形体上更加整齐和定型化，线条简单而均匀，在写法上也不像大篆那样繁复，同时又减少了许多异体字。总之，大篆比小篆难写、难认，而六国文字比大篆还难认，缺乏规律。可见，战国末年秦国的小篆可算得上是当时最先进的文字了。

为在秦帝国特别是原山东六国推行统一的文字，秦始皇命令李斯、赵高、胡毋敬分别用小篆书写了《仓颉篇》《爰历篇》和《博学篇》，作为统一文字的标准范本，赋予这三种标准文字范本以法规上的效力。

李斯等人所书写的标准文字的字体，实际上也是对秦国早已通行的小篆文字进行了一次整理与规范。这种经过整理、规范后的小篆比大篆简易很多，比六国文字更容易书写与辨认，方便了各地的文化交流。

由此可见，始皇帝在经济、文化上进行的这些改革对中国历史的发展和中华民族统一均作出了巨大的贡献。

第十七章　修筑长城

秦筑长城比铁牢，蕃戎不敢过临洮。虽然万里连云际，争得尧阶三丈高。

——（唐）汪遵

（一）

公元前218年初春，秦始皇再次东出函谷关，按照上次巡游的路线巡狩东方。始皇帝如此频繁地巡狩东方，表明大秦帝国对这一地区的统治还不够稳固。而事实上也正是如此，各诸侯国的流亡贵族们无时无刻不想着除掉始皇帝，恢复故国，原韩国贵族张良便是其中之一。

张良出身韩国贵族，其祖父和父亲都曾担任韩国的相国。他的父亲张平在秦灭韩的前20年病卒，当时张良尚且年少，未能在韩国担任官职。韩国被秦灭亡时，张良尚有家奴300余人，家产颇丰。为了替韩国报仇，他变卖了全部家产，四处寻找刺客，甚至连自己的亲弟弟死了都顾不上安葬。

后来，张良果然得到一名力大无穷的大力士，能投掷120斤（折合60千克）重的铁锥，所掷无不击中目标。这名没有留下姓名的大力士在张良的感召之下，表示愿意为刺杀秦始皇而效死。

公元前218年初春，张良得知秦始皇要再次东巡，便精心策划了一场刺杀行动。经实地勘察，张良将刺杀地点选在博浪沙（今河南省原阳县东郊）。博浪沙地理位置优越，路面沙丘起伏，所以秦始皇的队伍到这里行进速度就会减慢；而且北面是黄河，南面是官渡河，芦苇丛生，便于刺杀后逃跑。

初春，始皇帝率领队伍浩浩荡荡地沿着官道出发了。按照当时的礼制，皇帝的马车是用六匹马拉的"天子六驾"，大臣乘坐的是四匹马拉的"四驾"。也就是说，始皇帝坐在哪架马车上一清二楚。不过，始皇帝生性多疑，行事也一向谨慎。自从遭遇荆轲行刺事件之后，始皇帝行事就更加小心了。为了保证自己的安全，始皇帝在出巡之前就按照尉缭的建议准备多辆副车，每辆都是由六匹马拉的，除了始皇帝乘坐的车之外，副车上都坐着一个替身。除了贴身侍卫之外，连随行的大臣也不知道始皇帝会坐在哪辆车上。

当始皇帝的车队来到博浪沙时，道旁的芦苇丛中突然窜出一个高大的身影，径直向车队中间扑来。站立在"天子六驾"前后的卫士们几乎全都被这突如其来的情况吓呆了。

就在他们回过神，想上前捉拿刺客时，那个高大的身影已经站稳，扬臂将手中的凶器掷向其中的一辆"天子六驾"。只见一道寒光从眼前闪过，"砰"的一声，那架马车的车厢后室便被击中了。紧接着，那名刺客转身窜入芦苇丛中，消失得无影无踪。

整个行刺的过程实在太快了，卫士们甚至没来得及看清刺客的面貌，他就已经"得手"了。所幸的是，那名刺客击中的是一辆"副车"，而秦始皇当时就坐在这辆副车后面的"金银车"中。

这名刺客就是张良安排的大力士。不过，他的铁锥虽然击中了一辆"副车"，但却没有给车队造成什么损失。秦始皇立即命令车队停下来，他拉开左边的车窗向外望去，只见从前后兵车上跳下来的卫士正手持长戟奔向驰道边上的芦苇丛。

这时，李斯已走到始皇帝的专车旁躬身问安。秦始皇一边从专车的后门走下，一边回答说：

"朕无碍！"

始皇帝查看了被击碎的副车后室，发现那个重达百斤以上的大铁锥刚好砸在乘客坐卧的位置上。如果自己坐的是这辆车，现在可能已经脑浆涂地了。始皇帝勃然大怒，骂道：

"哪里来的毛贼，居然敢行刺朕！"

这时，惊恐万分的文武官员们已经围了上来，分列站在始皇帝的两边齐声说道：

"臣等护驾不力，请皇帝恕罪！"

秦始皇微微闭着眼睛，大声说道：

"你们不必惊慌，不过是一个小小的狂徒想加害朕罢了！卫士们已经去追了，没有你们的事了，都各自回车歇息吧。"

随从的文武官员陆续回到自己的车上。十几名追捕刺客的卫士也陆续回来了，但并没抓到刺客。丞相李斯立即向前请示道：

"暴徒冒犯圣上，应诏令天下严加追拿法办，以儆效尤。"

秦始皇点了点头，善于揣测上意的李斯马上着手去办了。不过，他们始终没能抓到行刺的大力士和这次刺杀行动背后的策划人张良。为安全起见，张良改名更姓藏到下邳（今江苏省邳州市）。

张良与刺客的安全转移，除了计划周密外，还得力于东方百姓的保护，因为东方六国故地百姓的反秦情绪一直比较强烈。

（二）

博浪沙事件后，始皇帝并没有取消东巡的计划。一行人继续东行，来到渤海之滨的之罘，而后又到了琅邪。始皇帝上一次巡守也到过这两个地方，这次为什么又来这里了呢？这很可能与秦始皇寻仙求药的急切心情有关。前一年，徐福正是从琅邪带领着数千名童男童女和无数金银财宝出海的。然而，始皇帝这次东游海滨并没有得到徐福的任何消息。

始皇帝闷闷不乐地离开了琅邪，取道上党返回咸阳。不知是由于博浪沙"为盗所惊"，还是因为寻仙求药一无所得，或是由于国事繁忙，始皇帝在接下来一年的时间里都没有再离开过咸阳宫。

公元前216年，即秦始皇三十一年，始皇帝下令将腊月更名为"嘉平"。始皇帝的心情怎么会突然大好呢？据说，这一年9月时，华山发生了一件惊动天上和人间的大事——茅濛在山中乘云驾龙，升天而去。当然，这件事不是百姓亲眼看到的，而是自称太原真人的茅盈说的。

茅盈是茅濛的曾孙，一个浪迹天下的修仙术士。和徐福一样，他也想通过欺骗始皇帝获得荣华富贵，所以就捏造了他的曾祖父乘云驾龙、升天成仙的故事。接着，他又教一些孩子唱童谣：

"神仙得者茅初成，驾龙上升入泰清，时下玄洲戏赤城，继世而往在我盈，帝若学之腊嘉平。"

很快，茅濛升天成仙的事和这首童谣就传入始皇帝的耳朵里。此时，始皇帝正在为找不到不死之药而发愁呢，现在一听，非但海上有仙山，这华山上也有人修炼成仙了，看来还是应该去查探查探。于是，始皇帝便着人查问华山附近的百姓。

或许是以讹传讹，这些百姓还真的相信茅盈捏造的故事。他们纷纷对始皇帝的使者说：

"这是仙人的谣歌。如果皇帝想求长生的话，应该按照这首神仙歌所说的，将腊月改为'嘉平'。"

于是，始皇帝欣然下令，将腊月改为嘉平，并赐当地百姓每人六石米和两只羊。至于茅盈获得了什么官衔或赏赐，史书没有记载。但可想而知，他获得的东西肯定少不了，金银珠宝定是用之不完，荣华富贵也享之不尽……

一般认为，秦始皇在统一天下之后，逐渐变得昏庸、奢靡起来，其中最典型的一个例子就是不断寻仙问道，徒耗钱粮。可以说，始皇帝渴求长生不死，既与当时的社会大环境有关，也是他手中急剧膨胀的权力在作祟，但徐福、茅盈之流也起到了推波助澜的作用。

也许正是受到茅盈事件的刺激，冬天刚刚过去，始皇帝便迫不及待地命令车驾再次东出函谷关，前往渤海之滨巡视去了。从咸阳至碣石，秦始皇的车队一路要经过原韩、魏、赵、齐等国的交界地带及黄河所经过的地方。战国时期，各诸侯国为了国家防务的需要，都在边境修了不少城郭与关塞亭障；沿黄河所修的堤防也大多是"以邻为壑"。

如此一来，黄河一旦涨水，两岸的土地就会遭受水患。更何况，这种做法对交通的影响也很大。如今天下已经统一，再也不需要这些城郭、关塞和"以邻为壑"的堤坝了。秦始皇在此次巡行的途中，便下达了"坏城郭、决通堤防"的法令。这一法令的施行，对华北地区经济的发展无疑起到了积极的作用。

到达碣石（今河北省昌黎县东）后，始皇帝立即命燕地的术士卢生入海"求羡门、高誓"。据说，羡门和高誓都是上古时期的仙人。始皇帝认为，他们可能就住在海上的三仙山上。

秦始皇派卢生入海可能还有另外一个动机，就是想验证徐福向他所说的三仙山是否真的存在。随后，他又派韩终、侯生、石生等人入海，以求仙人不死之药。

（三）

在碣石刻石颂德之后，始皇帝又率领他那支庞大的车队转而向北，一路经无终（今天津市蓟县）、渔阳（今北京市密云西南）、沮阳（今河北省怀来县东南）、代（今河北省蔚县）、善无（今山西省右玉县南）、云中（今内蒙古托克托县东北），到达肤施（今陕西省榆林县东南）。从始皇帝巡视的路线可以看出，他这次巡守的主要目的是巩固帝国的北部边防。

在战国时期，燕、赵两国向北拓地，使原来活动在北边的戎狄族人大多融入到华夏族，但也有一部分人北迁到更远的地方。为了防范他们入侵，燕、赵、秦等国都在北边筑起了长城。当时，中原称长城以北的少数民族为胡人，意为未开化的化外之民。在诸胡之中，对中原地区威胁最大的就是匈奴。

从远古时期起，匈奴的祖先就过着逐水草而居的生活，常年游牧，没有城郭，也没有文字。匈奴人从小就练习射猎，使用刀剑等武器，可谓名副其实的马背上的民族。西周之初，匈奴的祖先开始生活在泾、洛之北，向周天子献纳贡物，被划归"荒服"。周穆王以后，匈奴北迁，其与中原的联系也突然中断。

直到战国后期，秦国灭了义渠，赵、燕两国向北开地千里，中原与匈奴才以战争的形式重新建立起联系。此时，匈奴在诸胡之中异军突起，开始强盛起来，秦、赵、燕三国的北部边疆频频遭受他们的入侵，其中以赵国面临的情况最为严重。赵国著名的将军李牧曾在边关与匈奴对峙十余年，而且只能采取守势，勉强将匈奴挡在长城之外。

在始皇帝一统天下之时，匈奴内部也出现了统一的趋势，对中原的威胁更大了。秦始皇这次巡守边疆，见到北部边疆荒凉而胡骑猖獗，便存心要兴师北伐匈奴。

回到咸阳不久，奉命出海寻找仙山的卢生也回来复命了。不知这卢生到底有没有出海，也不知他将始皇帝交给他的金银财宝都怎样挥霍掉了，为向秦始皇交差，他胡乱编造了一些鬼神故事，同时还呈给始皇帝一部宣扬符命占验的图箓之书，并提到了"亡秦者胡也"这样一句话。

当时，始皇帝正在寻思如何消灭匈奴，一听卢生说"亡秦者胡也"，便认为卢生所说的"胡"就是指经常骚扰北部边疆的胡人。当然，这也可能是狡猾的卢生猜透了始皇帝的心思，故意编造出来的。总之，始皇帝对此深信不疑，立即任命蒙武之子蒙恬为将，率30万大军直奔河套地区，攻击匈奴。蒙家世代为将，蒙恬从小熟读兵书，武艺高强，是一个能征善战的猛将。

蒙恬率30万大军于公元前215年直奔匈奴而去。当时，匈奴贵族的首领是头曼单于。所谓单于，其全称是"撑犁孤涂单于"。在匈奴语中，"撑犁"是天的意思，"孤涂"是子的意思，"单于"则为广大之意。以头曼单于为首的匈奴贵族的统治区域十分广阔：东连东胡（今辽河上游一带，一般认为该族群因居于匈奴以东，故称其为东胡），西接月氏（居于今河西走廊、祁连山一带的古印欧人种的一支），北毗丁零（中国古代的少数民族之一，居于今俄罗斯贝加尔湖一带），南邻大秦帝国，统治的中心区域在头曼城（大致位于今内蒙古自治区包头市的东北）。

由于史籍记载不详，现已无法知道蒙恬是如何击溃匈奴的，但有一点可以肯定的是，他首战的出击方向就是针对匈奴统治的中心区域。蒙恬北逐匈奴，攻破了匈奴头曼城，收复了河套地区（今内蒙古河套地区一带）。头曼单于的统治基础被破坏，不得不率部北迁。而蒙恬则率领秦军跨过滔滔的黄河，集中优势兵力，继续向北追击，一直追到大漠以北。

高阙（今内蒙古自治区杭锦后旗西北）、阳山（今内蒙古自治区境内的狼山）、北假（今内蒙古河套以北阴山以南的夹山带河的地区）悉数并入了大秦帝国的版图。秦始皇大喜，在重赏蒙恬的同时，还在新领土上设置了九原郡（郡治在今内蒙古包头市西），开始在这一地区实施有效的行政管理。此后，始皇帝就命蒙恬率部驻守北疆，威慑匈奴。

（四）

　　精明的始皇帝十分清楚，匈奴虽然暂时北迁了，但大秦帝国的北疆依然时刻处于匈奴的威胁之下。更何况，北疆苦寒，交通不便，当地出产的粮食无法满足戍边将士的需要，从中原运过去也困难重重。因此，始皇帝无法在北部边疆长期驻守数十万大军。更重要的是，大秦帝国尚不具备远逐匈奴或彻底消灭匈奴的实力。所以，秦始皇决定在北部边疆修筑一道前所未有的防御工事——万里长城，以抵御匈奴的入侵，保卫内地的安全。

　　修筑长城抵御匈奴并不是始皇帝开创的，早在战国后期就开始了。当时，赵、燕、秦三国的北部边疆都面临着匈奴侵扰的困扰，长城便首先在这三个诸侯国中修筑起来。

　　应当承认，作为诸侯国，秦、赵、燕三国所筑长城的规模已经十分可观了。可是，同秦始皇修筑的万里长城相比，那些就未免有些小巫见大巫了。秦朝新长城是在修葺和连接原秦、赵、燕三国长城的基础之上加以增筑、延伸而修筑起来的。

　　经过几十万民夫的日夜劳作，用了几年的时间，长城终于建成。新长城西起临洮，宛如一条巨龙，向西蜿蜒伸展，横贯当时的北部边疆，最后到达辽东的碣石（此碣石为山名，在今朝鲜境内，不是秦始皇巡游所至的碣石），总长达5000多千米。

　　长城不仅作为人类历史上伟大的建筑工程而闻名古今，更重要的是，长城首先是一套超大规模的军事防御体系。无论在设计上，还是在构造上，它都达到了世界古代军事工程建筑水平的巅峰。

　　万里长城毋庸置疑地证明了我国古代劳动人民杰出的聪明智慧，体现了中国古代高超的建筑艺术，也表达了中国人民热爱和平不畏强敌的民族精神。在抵御匈奴进犯、保卫内地安全方面，长城的确起到了非常重要的作用。直到封建社会末期，万里长城依然发挥着重大的防御作用，阻挡了北方游牧民族入侵中原的脚步。

不过，万里长城的修筑也给中原人民带来了无尽的苦难。为修筑万里长城，始皇帝强行征召数十万民夫，"孟姜女哭长城"的民间故事就形象地说明了始皇帝修筑长城给百姓带来的苦难。相传，秦始皇筑长城之时，向民间派发了大量的徭役。青年男女范喜良、孟姜女新婚的第三天，范喜良就被迫出发修筑长城去了。

由于边地苦寒，范喜良不久就因饥寒劳累而死，尸骨被埋在城墙之下。孟姜女身背寒衣，历尽艰辛，万里寻夫来到长城边，得到的却是丈夫已经死去的噩耗。她痛哭城下，三日三夜不止，长城为之崩裂，露出累累白骨。孟姜女无法分清丈夫的骸骨，遂刺破指尖，以血滴于其上，哭着说道：

"若是范喜良的骨骸，血即渗入。"

孟姜女一具尸骨一具尸骨地找，终于找到自己的丈夫，携之归葬。葬毕丈夫之后，孟姜女无法忍受内心的伤痛，也投海自尽了。

孟姜女哭长城的传说形象地表明了秦始皇在修筑长城过程中所实施的暴行，在历史上具有最典型的意义，给社会、给劳苦大众在心理上造成了极大的伤害。

第十八章　开疆辟土

秦皇筑长城，乃为万世利。连山绝谷势蜿蜒，雄图自足制中外。

——（清）杨鸾

（一）

在加强北疆防御力量的同时，始皇帝也加强了对西南和东南各地的统治。秦始皇统一全国后，虽然在名义上实现了"率土之滨，莫非王臣"，但由于西南和东南一带地形复杂，山高林密，崖陡谷深，河流湍急，大秦帝国的统治力量实际上并没能达到那里。

西南的情况与北部边疆不同，那里民族众多，各自为政，并没有形成能与中原相对抗的军事力量，也没有出现明显的同中央政府对抗的民族情绪，因而，秦始皇抓住解决问题的关键，即修路。先解决交通问题，将西南地区与中原在交通网络上连成一体，然后再逐步建立地方政府，从而实现对该地区实行有效的政治和经济管理。

由于西南地区地形复杂，道路无法按照中原六尺官道的标准修建，只能因地制宜地开凿五尺道。现在已经无法知晓始皇帝时代开凿的五尺道有多少，也不知是何时修建完成的。可以想象，由于受地理条件的限制，五尺道的开凿工作一定是非常缓慢而艰苦的。

然而，随着道路一寸寸地向西南方向延伸，统一西南夷的愿望也变得越来越现实起来。终于，这条铺设在崇山峻岭中的五尺道修通了，它的北端连接着难于上青天的巴蜀栈道，南端则紧紧延伸到风光旖旎的大西南。

随后，始皇帝便向西南地区派驻官吏，设置行政机构。另外，根据当时的情况推测，秦始皇可能还派遣了一定数量的军队到那里，以雪亮的刀锋支撑着秦朝在西南地区的统治。

五尺道的开凿，第一次使西南地区同中原有了直接的政治、经济和文化往来，对推动当地社会的发展，促进少数民族地区的文化进步，起到了很好的作用。与此同时，它也在客观上加快了华夏族同西南各民族之间的融合，在一定程度上加深了民族之间的了解，提高了中华民族对大一统政治文化的认同性，有利于多民族统一国家的发展。

开发西南地区基本上没有动用刀兵，开发大东南则不一样了。在今湖南、江西南部和广西、广东交界之处，耸立着五道雄峻的山岭，即越城岭、都庞岭、萌渚岭、骑田岭和大庾岭。这就是人们经常说的五岭。现在，人们习惯上将五岭以南地区称为岭南。当时，岭南以及与之相邻的闽越地区的经济发展水平十分落后，即使到了唐代，这里也无法同北方相比。

春秋至秦朝，在东南和南方地区生活着一个与华夏族完全不同的民族——越。越，又名粤，是一个历史悠久的民族。由于越族部落众多，人们又称之为百越。春秋时期的越国即是由百越中的于越人建立起来的。越国灭亡之后，百越开始陆续融入到华夏族之中。至秦朝时，百越中比较大的是闽越和南越，其中南越分布的范围最广阔，人数也最多。

据说，始皇帝在公元前214年组织了总数达50万人以上的庞大兵力，由尉屠睢为统帅，兵分五路，向东南和岭南进发。进军东南十分顺利，这大概与东南地区与中原接触较早，对中央政府的认同度较高有关。早在秦朝统一六国以前，秦国的政治统治即已到过东南地区。公元前222年，秦国名将王翦又率兵平定了楚国所统辖的江南地区，降服了越君，并设置了会稽郡。公元前221年，秦朝又在东南建立了闽中郡（郡治在今福建省福州市）。

进军岭南的战事则相对要艰难一些，这可能与岭南地区的越人接触中原文化较晚，对中央政府的认同感较低有关，另外一个原因则是当地复杂的地理环境造成的。南方的河流纵横交错，从黄土高原一路打过来的秦军不熟悉地形，又无法适应当地酷热的气候，后勤补给也十分困难。

为了解决后勤问题，秦始皇于公元前214年委派一位名叫史禄的监御史率部开凿灵渠。在长江流域和岭南的珠江流域之间，五岭隔断了南北之间的往来，不仅水路不通，连陆路也因地势险峻而难于畅通。漓江和湘江都发源于今广西兴安县，史禄就利用两河之间最近距离只有几里地的天然条件动工开凿了两条运河，即著名的灵渠。灵渠沟通了长江和珠江两大水系，成为中国南北交通的重要水道。灵渠的开凿，为巩固统一、促进南方经济和文化的交流创造了极为有利的条件。

灵渠开通后，秦军的后勤补给解决了，秦始皇立即命令他的50万大军全力进攻。后来，他还派任嚣和赵佗两员大将率领水军经由灵渠开往前线增援。

在秦军强劲的攻势面前，"被发文身，错臂左衽"的岭南越人再也抵挡不住了，只好缴械投降，向始皇帝俯首称臣。为巩固这一成果，秦始皇不但迁徙了数十万罪犯到岭南与百越杂居，还在那里设置了象郡（郡治在今广西崇左县）、桂林郡（郡治在今广西桂平县）和南海郡（郡治在今广东省广州市）。

至此，始皇帝终于在中华大地上实现了真正的大一统，而秦军征伐岭南也促进了当地社会的发展。那些迁徙到岭南的大量人口从内地带去了先进的农业、手工业等生产工具和生产技术，在此后漫长的岁月中，他们逐渐与越人通婚，不但促进了民族融合，也加快了岭南地区的经济和文化发展。

（二）

始皇帝修筑长城、开发西南、征讨岭南，在建立这些伟大历史功勋的同时，也让百姓陷入到困厄之中。为满足开拓疆土、戍边和大兴土木的需求，秦朝的兵役、力役和赋税都十分繁重。秦朝法律规定，为国家服劳役是每一个成年男丁所必须承担的义务。据说，男子20岁即开始服劳役，实际的服役年龄恐怕还要更早一些。服役的时间也很长，西周规定每人服役一个月，到秦朝时可能要达3年左右。

修官道、长城、陵墓，这些都需要大量的人力，其中以始皇帝的陵墓征调的劳役最多。秦始皇陵自秦始皇初即秦王位时就开始修建，一直修到他死去为止，历时37年，竟然还没有完工。如此巨大的工程，耗费人力之多令人咋舌。据说，秦始皇修建自己的陵墓用了70余万人。征发如此众多的劳动力去营建不急之务，势必会给社会生产力造成巨大的破坏。

除了劳役之外，成年男子还要负担兵役。秦军分正卒和卫卒两种。正卒为正式的兵役，役期为一年。服役者要在本郡接受十分严格的军事训练，学习并掌握基本的军事技术，如骑射战阵等。农闲期间，他们要接受郡、县长官的检阅和考核。一旦爆发战争，他们就要奉命开赴前线。虽说正卒服役期满后可回乡务农，但并不意味着永远摆脱兵役的羁勒，他们还要随时准备响应官府的征召，返回军队，重新服役。

卫卒的任务是戍守京师和边防。秦代征发戍卒的数量是十分惊人的，例如秦将蒙恬在抵御北边匈奴时，所部兵力达30万人之多；平定岭南之后，始皇帝又征发了50万人戍守在那里。

沉重的力役与兵役负担压得人民喘不过气来。当时的人口总数大约为2000万左右，而长期被征赴各种力役、兵役的成年男子就有二三百万人之多。这对当时相对比较脆弱的农业来说，无疑是一个沉重的打击。

除了沉重的劳役和兵役之外，百姓还要承担各种赋税。秦国之所以能够势压群雄，一统天下，一个非常关键的因素就是坚持以农战为本的战略方针。

所谓农战，反映到经济层面上也就是赋税与兵役结为一体的措施。统计全国成年男子的数量、编制户籍等，是秦国历代统治者非常重视的一项工作。早在商鞅变法时代，秦国即编制了比较完备的户籍，目的就在于"举民众口数，民不逃粟"。

按照当时的习俗，男子二十弱冠，即20岁方算成年，才开始登记于户籍，承担各种徭役和赋税。但秦国男子登记于户籍的年龄要早得多，通常从15岁就开始了。

户赋和口赋是秦朝的两种基本赋税，但不是按田地或财产的多少来征收的，而是按照家中成年男子的数量征收的。除此之外，还有田赋和刍等。田赋就是按照田地的多少来征收粮食，刍则是按照土地的多少征收牲口食用的饲料。

在繁重的赋税之下，农民面朝黄土背朝天，终年辛勤劳作，用血汗换来一点儿可怜的收成，有三分之二都要被官府强行征缴，以供封建贵族挥霍。正因为始皇帝在实现国家统一之后没有致力于经济建设，而是横征暴敛，滥发徭役，给国计民生带来了更大的灾难，才使得秦朝的统治岌岌可危，朝不保夕。

为了维护岌岌可危的大秦帝国，始皇帝还制定了严酷的刑罚。作为中国历史上的第一个皇帝，秦始皇给自己规定的任务就是全心全意地维护自己至高无上的皇帝地位，竭尽全力去剥夺老百姓的自由。这位性格古怪、独断专行的皇帝制定的法律可以用"准"和"狠"两个字概括。《韩非子》一书中的一段话是这样说的：

"人臣之于其君，非有骨肉之亲也，缚于势而不得不事也。故为人臣者，窥觇其君心也无须臾之休，而人主怠傲处其上，此世所以有劫君弑主也。"

这段话的大致意思是说：君臣之间没有血缘关系，臣下之所以对皇帝诚惶诚恐、毕恭毕敬、唯唯诺诺，完全是"缚于势"，即被皇帝的势力所逼迫的。所以，臣下时刻不在觊觎着皇帝的宝座，想把皇帝"拉下马"。

始皇帝深受韩非的影响，因此他制定的法律中也有很多韩非的影子。根据史籍记载，始皇帝时期的死刑就有十几种之多，如活埋、车裂、弃市、腰斩等。至于其他对人进行肉体折磨和精神侮辱的刑罚更是数不胜数，如黥刑、劓刑、宫刑等。黥刑就是在脸上刺字，劓刑就是剜去鼻子，宫刑则是破坏人的生殖系统。唐朝著名学者孔颖达在疏注《周书·吕刑》时说：

"宫，淫刑也。男子割势，妇人幽闭，次死之刑。"

更为恐怖的是，秦朝还实行"连坐法"，即一人犯罪，其家人、亲戚、邻居都会受到牵连。如此种种，使得始皇帝这位刚刚将百姓从战争之苦中解救出来的救世者变成了一个魔鬼。

（三）

正因为始皇帝横征暴敛，又以严刑酷法统治人民，再加上当时原东方六国的流亡贵族不断煽风点火，各地百姓在始皇帝三十四年前后便已开始酝酿着反秦了。一些有识之士预感到，全国范围的反秦斗争已处于一触即发的状态，大有"山雨欲来风满楼"的态势。

随着形势的发展，始皇帝身边的臣子们也分化成三派。一派是以嫡长子扶苏为首的新贵族派，其中包括部分公子、蒙恬等少数将领、扶苏的师傅淳于越等博士。他们不满秦始皇的残暴统治，但又对始皇帝忠心耿耿，幻想通过犯颜直谏改变局面。

另一派是以丞相李斯为代表的地主官僚集团，仆射周青臣是其中的骨干成员。他们身居要职，把持着朝中的部分政务。虽然对始皇帝推行的政策措施感到不满，但却深谙始皇性格，善于见风使舵，惯于阿谀奉承。

还有一派就是以宦官赵高为代表的阴谋集团。他们围绕在始皇帝身旁，掌有宫室内的秘密，并擅长窥测时机，搞阴谋，设毒计，明知始皇帝骄奢腐败，国势日危，但却依然苟活偷安，"狐假虎威"，无恶不作。

与统治阶层分化相对应的是，民间的精英阶层也出现了分化的趋势。天下一统后，民间的知识阶层已经失去了游说入仕的途径。要想入仕，唯有像徐福、茅盈、卢生等一样，装神弄鬼，求得始皇帝的欢心。但并非所有读书人都甘愿为谋得一官半职而为虎作伥，一部分富有正义感、对秦始皇失去信心的读书人有的隐居避祸去了，有的则投身到百姓或六国贵族的反秦势力中去了。

很显然，以扶苏、蒙恬为代表的改革派根本无法得到始皇帝的认可，倒是后两派深得始皇帝的欣赏，并反过来对始皇帝的恶行起着"为虎作伥"的作用。至于读书人，始皇帝也有自己的看法。那些甘愿向朝廷靠拢的走卒不过是摆设，而那些避祸深山或投入到反秦队伍中的则"罪该万死"。历史上著名的"焚书坑儒"事件就是在这种背景下发生的。

公元前213年的一天，为庆祝击溃匈奴、平定南越，始皇帝特在咸阳宫设置酒筵，大会群臣。始皇帝酒兴很高，群臣也竭尽所能地让他开心。大臣们敬完酒之后，70余位博士按照爵位高低，排着整齐的队伍来到大殿上，跪在地上，手举酒杯，齐声道：

"恭贺皇帝！"

始皇帝端起酒杯，微微呡了一口，笑道：

"众位爱卿平身，朕治理天下离不开诸位的大力协助。"

博士退下去之后，仆射周青臣上前，进颂辞说：

"以前秦地不过千里，幸赖陛下神灵圣明，平定海内，驱逐蛮夷，日月照及之地，没有不臣服的。如今以诸侯为郡县，人人自得安乐，没有战争忧患，传于万世，即便上古也没有陛下这样的威德啊！"

秦始皇见博士们济济相贺，听了这颂辞也顺耳中怀，当然是喜形于色，龙颜大悦。博士淳于越在一旁看着博士们卑劣的嘴脸，心下有些不快，便上前说道：

"臣闻知商周为王天下能千年之久，是分封子弟功臣作枝叶辅助。现在陛下享有天下，而子弟却是没有基业的匹夫。一旦有如齐国田常、晋国六卿那样的篡臣，谁来拯救皇帝的江山呢？办事不吸取古人的经验教训而能长久的，臣还没听说过。现在周青臣又当面阿谀奉承皇帝，加重皇帝的过错，使皇帝陛下不知道自己的失策，怎么能算是忠臣呢？"

淳于越说的都是肺腑之言，但因时机不对，秦始皇被惹怒了。但当着众人的面，始皇帝也不便发作，只是淡淡地说：

"照爱卿看来，朕应该怎么做呢？这样，大家讨论讨论吧。"

身为丞相的李斯最善于揣摩始皇帝的心思。他见皇帝对淳于越大为不满，便出列说道：

"五帝并不都一样，三王也不相沿袭，他们都是按照各自的情况来治理天下的，不是篡臣们要反，而是时代变化所致。如今陛下创立大业，建下万世功勋，这根本不是像淳于越这样的腐儒所能知道的。况且，淳于越所说的是夏商周三代的事，根本不值得效法。"

李斯的一番话总算扭转了庆功宴的气氛，也暂时保住了淳于越的项上人头。然而，秦始皇胸中的那口恶气并未发泄出来。他暗下决心，不仅要惩治淳于越，还要扫去战国以来人人都敢说话议论、敢向君主提建议的风气。只不过当时碍于面子，他强忍怒火，没有立即发作罢了。

　　秦始皇晚年迷信鬼神之说，但通常都是自作聪明。卢生上呈的图箓之书上说"亡秦者胡也"，秦始皇想到了匈奴，却没有想到他的小儿子胡亥。他不知道从内部灭亡一个国家要比从外部灭亡容易得多，也快得多。

第十九章　沙丘政变

　　龙盘虎踞树层层，势入浮云亦是崩。　一种青山秋草里，
路人唯拜汉文陵。

——（唐）许浑

（一）

　　庆功宴结束之后，始皇帝便将丞相李斯留下来。有些话他自己不便
说，也不能说，最好由臣下主动提出来。遍观群臣，唯有善于揣摩自
己心意而又大权在握的李斯能干成这件事。

　　在始皇帝的授意下，李斯很快便拟定了一篇谏书。李斯在上书中说：

　　"臣李斯冒死言：过去天下散乱，不能一统，因而诸侯并立，书、
语也都是讲古事而妨害当世，以虚言而乱实事；人们也喜好用自己的
私学，非议君上所建树的事业。如今陛下一统天下，已经消除僭伪而
确定一尊，但私学却仍然相互传授。那些腐儒们闻知命令颁下，就按
自己的学说妄加议论，入朝时口是心非，出朝后便街谈巷议，自我夸
饰，标新立异，引导人们制造诽谤之言。这种情况如不禁止，就会使
君主的权势下降，而臣下也会结党营私，唯有禁止私学才对国家有
利。我建议：史书凡不是秦记的都烧掉；凡不是博士官职所需的书，
天下藏有的《诗》《书》、百家之言的著述，一律送交郡守、尉处焚
烧掉；再有敢于私谈《诗》《书》的处死，以古非今的灭族；官吏见

到或知道而不举报的，与这样的人同罪；命令颁下30天后还不把书籍烧掉的，将其人黥面，罚去筑城。医药、卜筮、农学之书皆不在此列。要想学法令的读书人必须以官吏为师。"

"焚书"禁言本来就是始皇帝自导自演的一场戏，因此在接到李斯的谏书后，始皇帝稍稍一看，便下令批准了。

就这样，中华大地便出现了一次全国性的焚烧图书典籍的历史事件。这是一次对文化的荼毒，是对人类思想的禁锢，中华文化也因此遭到了有史以来最大的浩劫。幸运的是，一部分读书人冒死将一部分典籍藏了起来，或默记在心里，这才使得《诗经》《论语》《尚书》等中华文化的经典之作流传到今天。

中华文化的劫难还没有结束，焚书的烟火还没有熄灭，紧接着就又发生了"坑儒"的血腥事件。始皇帝热衷于求仙问药，企图长生。正所谓"上有所好下必效焉"，在秦始皇的带领下，不少儒生也参加到寻仙的队伍中来。当然，儒生加入其中定然不是为了求得长生，而是为了像徐福、茅盈、卢生一样获得荣华富贵。

就在焚书事件发生不久后，入海求不死之药的卢生再次回到咸阳。不死之药是不存在的，卢生当然求不到，但银子花光了，他又不能不向始皇帝做一个交代。于是他就编造了一个谎言，告诉始皇帝说：

"臣等求仙寻药常常不遇，似乎是恶鬼在阻碍我们。臣等认为，陛下您要经常出来走走，这样可以避鬼驱邪；鬼躲开了，仙人也就会来了。皇帝的居所如果臣子们都知道了，也将有害于寻仙。所谓真人，能够入水不湿，遇火不燃，凌云气之上，与天地同寿。如今陛下您治理天下，还不能做到清心寡欲，臣等希望陛下的居处不要被臣下们知道。这样一来，不死之药大概就能很快找到了。"

秦始皇又信以为真，当即表示要自称"真人"，不再称"朕"了。他还下令将咸阳旁边100千米以内的宫观用270条复道和甬道连接起来，以帏帐遮住，内设钟鼓；又强迫大批年轻美貌的少女入内居住，各安布置，不准随便搬迁。皇帝住在哪里，哪里就要严密封锁消息；

若有人将消息走漏出去，立即杀无赦。

（二）

差不多在专心求仙问道的同时，始皇帝又开始大兴土木，在渭南修建了阿房宫。

阿房宫也叫阿城，本来是秦国的惠文王所建。但秦惠文王命薄，宫未建成，他便一命呜呼了。后来，"始皇广其宫，规恢三百余里"。秦始皇在上林苑中建造朝宫，"先作前殿阿房"。这是说朝宫的前殿叫作阿房宫，但可能因为阿房宫的名气太大了，人们逐渐将整个朝宫也称作阿房宫。

所谓阿，就是"近"的意思；所谓房，就是"旁"。阿房也即"近旁"之意。因为阿房宫建立在首都咸阳的附近，所以就暂时取了这个名字。民间传说，始皇帝修建阿房宫是因为他爱上了一个名叫阿房的女子，但这不过是民间根据阿房宫之名穿凿附会出来的。

阿房宫规模庞大，装饰华丽，美轮美奂，可谓中国古代建筑史上绝无仅有的杰作。可惜的是，阿房宫还未修建成功，始皇帝一手建立起来的庞大帝国便轰然倒塌了，阿房宫也被西楚霸王项羽一把火烧得干干净净。

从此之后，始皇帝便与群臣和社会完全隔离开了，他所做的决策也更加不符合实际。始皇帝的统治日益残暴，天下日益凋敝，甚至连卢生这样靠坑蒙拐骗获取荣华富贵的方士也对始皇帝心生不满。

始皇帝日益骄横，无论谁待在他身边都有随时掉脑袋的可能。有一天，秦始皇在前往一处行宫途中，突然看见丞相的车队从远处过来。丞相的车骑非常显赫，秦始皇就不高兴了，觉得他用车超标了，便嘟囔了几句。

不料，始皇帝身边的小太监却悄悄跑去告诉了丞相。丞相知道后，立刻减少车马，再也不敢摆阔了。秦始皇知道后，勃然大怒：

"竟敢有人泄露真人所说的话！你们泄露真人的行踪，仙人怎么会来呢？"

于是，始皇帝当即下令将当天在场的值勤太监和众侍者全部处死。卢生、侯生等一大批为始皇帝寻仙问药的方士感到十分害怕，有一天，卢生对侯生说：

"始皇为人，天性刚愎自用，起诸侯，并天下，以为自古以来谁也不如他……像这样贪恋权势之人，我们不可再为他求仙药了。"

于是，卢生和侯生等人携带着大量金银珠宝不辞而别。卢生、侯生等人的离去自然也有逃避之嫌，他们担心自己的骗局被识破，致使人头落地。但他们对始皇帝的议论倒也切中时弊，反映出秦朝朝政已经日益腐败的实际状况。

始皇帝听说卢生、侯生逃跑后大怒，咬牙切齿地说：

"去年以来，朕召集这么多文学方士，为的就是让文学之士兴太平，让方士去寻仙问药。如今，卢生这些人跑了，竟然不向朕汇报。徐福等人入海寻仙，花费巨万，也没有找到不死之药。那些奸徒为了获利就奔走相告，用这些方法来骗朕。朕待卢生等人不薄，但他们临走前还要诽谤朕，说朕无德！立即将在咸阳的诸生召集以来，严加审问，以防他们妖言惑众！"

众臣得令后，立即审查聚集在咸阳的方士，一共查出460多人有欺骗始皇帝的嫌疑。秦始皇一怒之下，把他们全部活埋，以警告他人不要再干欺骗和诽谤自己的事。

从整件事情的经过来看，将这一事件说成是"坑儒"其实有些冤枉始皇帝了。《史记·秦始皇本纪》也将这一事件称为"坑术士"，而不是"坑儒"。坑儒是后代人的说法，大概是后世的儒生为了提高儒家的地位，说秦始皇就是因为坑儒才导致亡国的，以引起统治者的注意。但无论如何，这些方士本来是始皇帝召来为自己做事的。如今说杀就杀，也足以看出其反复无常的暴虐性格。

长子扶苏在这一事件中也受到了牵连，因为他跑来为诸方士向秦始皇求情：

"这些人都是诵法孔子的，陛下用重法处理他们，恐怕天下会不安吧？"

扶苏无论如何也没想到，他不仅没能劝止秦始皇随便杀人，还给自己招来了祸患。秦始皇见自己未来的继承人竟跟自己对着干，一气之下便把扶苏赶到北部边疆，让他给蒙恬当监军去了。当然，他这样安排也有锻炼扶苏之意，因为他有意立扶苏为太子。

（三）

生老病死是自然规律，不会因任何人而改变，秦始皇也逃不过这一自然规律。公元前211年，即秦始皇三十六年，东郡（今河南、河北、山东三省的交界处）发生了一件怪事，据说从天上掉下来一块陨石，陨石上还刻着7个字——始皇帝死而地分。

很显然，这件事情是有人在背后捣鬼，但其中却饱含着民众盼望秦始皇早死、秦帝国早点分崩离析的心愿。

然而，这几个字与始皇帝想长生不死、永久统治帝国的愿望相违。因此，他立即下令盘查附近的居民，想弄清事实的真相。但没有一个人肯说出事实的真相，最后始皇帝残暴地杀害了当地所有居民，并将他们的尸体连同那块陨石一起烧化了。

秦始皇是相信鬼神之说的，所以这件事情对他的打击很大，此后他总是闷闷不乐。后来，他命博士制作"仙真人诗"的乐曲，让乐师演奏，以消愁解闷。这首乐曲描写了长生不老的神仙巡游仙界的情景。

有传说称这一年的秋天，一个使者由关东赶往咸阳。当他走到华山脚下的平舒道时，天已经全黑了。突然，从黑暗之中走出一个人，手捧玉璧对使者说：

"替我把玉璧送给镐池君吧。"

使者接过玉璧。那人忽然又说道：

"明年祖龙将死。"

使者想问清其中缘故，但那人已经消失了。

镐池君是谁呢？据说，镐池君是在渭水南边的镐池受人祭祀的水神，是周武王死后所化。使者被弄得莫名其妙，只好先带着玉璧来到咸阳，把事情的经过向秦始皇报告。

秦始皇听后，沉默了半晌，才缓缓说道：

"山鬼之辈，能预见的顶多也只是一年以内的事情。"

这句话不过是秦始皇的自我安慰罢了。退入里间后，他又自言自语地唠叨一句：

"祖龙乃人之先也！"

镐池君是周武王，祖龙自然就是自己了，始皇帝想到这些不免心中发慌。他急忙派人查验玉璧，发现那正是他南巡时奉献给长江之神的礼物。如今"山鬼"要将玉璧转送给镐池君，岂不是意味着秦国的水德将尽，大秦帝国要灭亡，而自己也将不久于人世吗？

秦始皇越想越害怕，急忙请人占卜，以定吉凶。结果，占卜得到了一个"游徙吉"的卦。秦始皇立即迁徙3万户居民前往北河和榆中（都在今陕西省榆林县）一带，而他自己则在第二年开春离开咸阳，南巡去了。

始皇帝最宠爱的小儿子胡亥特意要求同行，始皇帝答应了。这次同行的还有宦官赵高和丞相李斯。秦始皇一行游历了云梦（今湖北省云梦县），在九嶷山祭祀了舜帝，然后顺长江而下，过钱塘江，奔会稽（今浙江省绍兴市）而去。此后，始皇帝又在会稽山祭祀了大禹，刻文立碑，称颂自己的功绩。

然后，他们又经过吴（今江苏省苏州市）来到江乘（今江苏省句容县北），从那里过长江，沿着海岸线北上，再次来到琅邪。很显然，始皇帝还惦记着徐福入海求不死之药的事情。巧合的是，他在这里真的遇到了徐福。

徐福害怕始皇帝砍了自己的脑袋，便胡言乱语说：

"蓬莱仙山上确有不死之药，可惜臣在海上遇到了大鲛鱼阻挡，无法到达。请皇帝派善射的人与臣一起去射死鲛鱼，这样就可以取到不死之药了。"

当晚，始皇帝做了一个奇怪的梦，梦到他与海神交战。醒来后，他问身边的人，这个梦是什么意思？身边的博士敷衍说：

"皇帝之所以见不到水神，是因为大鲛鱼阻挡了他的通道。只有除去这个恶神，善神就会来了。"

始皇帝深信不疑，立即命令徐福带着善射之人、数千名童男童女和无数金银财宝到海上去射杀鲛鱼，寻仙药去了。但是徐福这一去就再也没有回来。据说，他后来到了今天的日本，在那里自立为王了。

（四）

秦始皇在琅邪左等右等，也不见徐福回来，只好命令车队返回咸阳。车队来到平原津（今山东省平原县南）时，始皇帝突患重病。这很有可能是多年来的种种异象导致他心神不宁，继而诱发了疾病。

病中的始皇帝更加忌讳"死"这个词，随行的大臣们谁也不敢议论他的病情。秦始皇虽然派随行的上卿蒙毅急忙赶回咸阳向山川之神祈祷，但他的病还是逐日严重起来。这位不可一世的皇帝似乎也意识到死神已经降临，他竭尽最后一点儿力气，给长子扶苏写了一封遗诏，命他火速赶往咸阳，商议国丧及立储之事。

始皇帝将遗诏封好后，交给宦官赵高。皇帝签发诏的玉玺和调动军队的兵符也都由始皇帝的这名贴身宦官保管，书件只有盖上玉玺才能真正被认作是皇帝的旨意而发生效力。但是，这个心怀鬼胎的宦官却悄悄将始皇帝的遗诏藏了起来。

公元前210年7月，当车驾来到沙丘平台行宫（今河北省广宗县大平台村）之时，始皇帝便油尽灯枯，撒手离世了，享年50岁。秦始皇梦寐以求长生不老的愿望最终也没能成为现实。

　　随从秦始皇巡游的左丞相李斯深恐皇帝在旅途中突然驾崩的消息会引起天下大乱，便秘不发丧，下令把秦始皇的尸棺偷偷放进凉车，马不停蹄地向咸阳赶去。

　　当时，知道秦始皇已死的除了李斯之外，只有公子胡亥、赵高及几名随从的宦官。诸位大臣都不知道，沿途迎送的官员更不知道。赵高突然野心膨胀，决定杀掉公子扶苏和大将军蒙恬，立与自己亲厚的胡亥为新帝，而见风使舵的李斯也参与其中。于是，赵高便与胡亥、李斯等人勾结，假传诏书，将扶苏和蒙恬赐死。

　　当时正值暑期，始皇帝的尸体在车中很快就腐烂发臭了。李斯、赵高等人便命人装了许多臭鱼在车上，以掩盖气味。然后，他们就按照既定的路线，从沙丘到井陉，再由井陉绕道往九原（陕西省榆林县），最后才走直道回咸阳。这样做，无非是要做出一副样子来欺骗世间，让人觉得好像秦始皇依然健在，正在按原计划巡游天下。

　　刚一回到咸阳，赵高、李斯等人便扶胡亥登上了帝位，史称秦二世。随后，秦二世便为秦始皇举行了国丧，将其埋葬在骊山陵。这位与始皇帝相比有过之而无不及的暴君还下令：凡后宫中没有生育过的妃子全部殉葬。至于那些在修建骊山陵地下宫殿时悉知机关的工匠们，也全部被关在墓中，没有一人能够逃生。

　　从此，大秦帝国便进入了秦二世胡亥的时代。在赵高与李斯的怂恿下，荒淫无度的秦二世很快就将整个国家弄得千疮百孔。公元前209年，陈胜、吴广在大泽乡揭竿而起，天下纷纷响应。随后，项羽、刘邦等人也竖起反秦大旗。到公元前206年，不可一世的大秦帝国便土崩瓦解了。始皇帝一手建立的大秦帝国仅仅维持了15年，便在中国历史的长河中烟消云散了。

秦始皇生平大事年表

公元前259年 秦昭襄王四十八年，秦始皇出生，取名赵政，称嬴政。

公元前251年 秦昭襄王五十六年，嬴政及母亲赵姬回到秦国。

公元前246年 秦王政元年，庄襄王死，嬴政继秦王位，由太后处理朝政，尊吕不韦为相国。

公元前244年 秦王政三年，蒙骜讨伐韩国，攻取13座城池。

公元前242年 秦王政五年，蒙骜攻取魏二十城，初置东郡。

公元前241年 秦王政六年，魏、赵、韩、燕、楚五国联军攻秦。

公元前238年 秦王政九年，秦王亲政，平定嫪毐之乱，灭其三族。

公元前237年 秦王政十年，罢免吕不韦相位，逼其迁入洛阳。

公元前236年 秦王政十一年，招揽人才，重用客卿。同年王翦攻赵，攻取9座城池。

公元前235年 秦王政十二年，协助魏国讨伐楚国。吕不韦自杀。

公元前234年 秦王政十三年，定平阳、宜安。韩非自韩国来秦，被李斯毒死。

公元前230年 秦王政十七年，调兵遣将，开始统一大业，派内史腾率师灭韩。

公元前228年 秦王政十九年，派王翦猛攻赵国，大破赵军，俘虏赵王迁，占领赵都邯郸。

公元前227年 秦王政二十年，在咸阳宫遇刺，怒杀荆轲，同时增兵赵地，派王翦进攻燕国。

公元前226年 秦王政二十一年，派李信讨伐楚国。

公元前225年　秦王政二十二年，派王贲攻打魏国，王贲用水灌大梁之计消灭魏国。

公元前223年　秦王政二十四年，派王翦、蒙武攻克楚都寿春，俘虏楚王负刍，楚国灭亡。

公元前222年　秦王政二十五年，派王贲攻占辽东，俘虏燕王喜，消灭燕国残余势力。

公元前221年　秦王政二十六年，灭掉齐国，吞并天下。秦王政改称始皇帝，统一各种制度。

公元前220年　秦始皇二十七年，第一次出巡，修驰道，完善道路系统，加强各地之间的联系。厉行车同轨、书同文，统一度量衡。

公元前219年　秦始皇二十八年，第二次出巡，巡视郡县，登封泰山。

公元前218年　秦始皇二十九年，第三次出巡，遭张良率力士行刺。

公元前216年　秦始皇三十一年，重申重农抑商政策。

公元前215年　秦始皇三十二年，派蒙恬北击匈奴，收取河南之地。第四次出巡，巡视北方自上郡返回咸阳。

公元前214年　秦始皇三十三年，开凿灵渠，平定南越、西瓯，并移民戍边，修筑举世闻名的万里长城。

公元前212年　秦始皇三十五年，修建阿房宫，筑九原通甘泉直道。

公元前210年　秦始皇三十七年，第五次东巡，途中病死，享年50岁。其子胡亥继位，史称"秦二世"。